GEHEIMNISSE DER LIEBE

Alles, was du wissen musst um eine phantastische Beziehung zu haben

JOHANNA KERN

Aus dem Englischen von

Elke von der Heyden

Herausgeber:
HUMANS OF PLANET EARTH ASSN.

Buchredakteur der englischen Version:
Richard P. Geer & Patrick Kern

Aus dem Englischen von Elke von der Heyden

Umschlag und graphische Darstellungen:
Johanna Kern

Zweite Ausgabe: 2024

Copyright © 2019 Johanna Kern
Alle Rechte vorbehalten

ISBN: 978-1-989913-53-6

Meinem Mann Patrick,

meiner Familie, Freunden

und Dir gewidmet

„Wer die Liebe berührt, geht nicht in der Dunkelheit."

– Plato –

INHALT

    Eine Anmerkung von Johanna Kern   viii

1 Auf der Suche nach jemandem zum Lieben   1
Nach einem Seelenpartner suchen – oder nicht, DAS ist hier die Frage

2 Was ist Liebe und was ist sie nicht   11

3 Sich verlieben   17
Begeistern sich Äpfel für Orangen?
„Du bist anders", sagte er.
„Anders als wer?"
„Anders als irgend jemand, den ich je kennen gelernt habe."

4 Was tun, wenn du dich verliebt hast: 27
Dich darauf einlassen,
Abstand wahren oder machen,
dass du wegkommst??
Wahre Liebe ist niemals blind.
Sie hat Röntgenaugen.

5 Gibt es eine Möglichkeit   39
zu erfahren, ob deine Beziehung
erfolgreich ist
oder nicht?
Äpfel mit Orangen sind möglich. Aber Äpfel
und Orangen plus Elefanten – das geht
nicht lange gut. Es kann passieren, dass die
Elefanten sie sich einverleiben.
Was ist also ein Elefant im Raum?

6	**Romantik** **spontan, designed** **oder durchdacht?** Wer könnte für dich der Gewinner sein und warum?	53
7	**Verpflichtung** **Es wird ernsthaft, aber wir wollen es** **leicht nehmen:** **Ein „Vertragsbrecher" oder „Friedensengel"?** Wenn es leicht ist ja zu sagen und wenn das Ja eine Tonne wiegt	67
8	**Zerstörer von Beziehungen:** **7 Gespenster der Vergangenheit** Die nicht eingeladenen Gäste knurren und heulen. Sie verfahren mit uns, wie sie wollen, wenn wir uns nicht mit ihnen beschäftigen.	79

Die Angst vor Veränderungen	85
Die Angst emotional verletzt zu warden	88
Die Angst vor Zurückweisung	94
Die Angst die Freiheit zu verlieren	101
Die Angst vor Unzulänglichkeit	106
Die Angst vor Einsamkeit	111
Die Angst vorm Versagen	119

9	**Kommunikationssender und** **-empfänger verbinden sich:** „Du hast gesagt, ich hab gesagt" versus „Wir haben gesagt"	125
10	**Sex und Intimität:** **Das Fest der Emotionen** **und Sinne vorbereiten,** **Kochen und speisen** Iss deinen Kuchen und bleib gleichzeitig hungrig	135

11	**Was Aphrodisiaka und Superspeisen für dein Liebesleben tun können** Lass deine Leidenschaft nicht enden! Zaubere! Herrliche Snacks und Speisen für die Liebe, die schnell zuzubereiten sind	149
12	**Bewahre den Zauber in der Beziehungen** Ein liebendes Herz ist schöner, als ein attraktives Gesicht. Schönheit ohne solide Basis vergeht wie billige Farbe	171
13	**Der richtige Gebrauch der Geheimnisse der Liebe** Erwartungen versus Verwirklichung	179
14	**Einfach so zum Spaß** Kosenamen im Namen der Liebe machen uns glücklich und verspielt	185
	Danksagungen	213
	Über die Autorin	215
	Veröffentlichungen von Johanna Kern	223
	Verbinde dich mit Johanna Kern	225

EINE ANMERKUNG VON JOHANNA KERN

Also gut, es ist kein Geheimnis mehr: Ja, ich bin älter. Ich bin viel älter als mein Mann und wir haben die phantastischste Beziehung, die Du Dir vorstellen kannst. Und das ist keineswegs ein Zufall.

Es gibt keine glücklichen Zufälle, wenn es sich um Liebe dreht. Wir wählen nicht, wen wir lieben. Wir lieben einfach.

Die wirkliche Frage hier ist also: Worum handelt es sich bei der Liebe und wie verwandelt sie sich in Glücklich sein im Leben. Das tut sie nämlich. Ja klar, es gibt Leute, die würden Dir sagen, bei der Liebe gehe es um Leiden, Freiheitsverlust, Kompromisse und gebrochene Herzen. Wirklich? Denk doch mal nach: Bewirkt Liebe, dass Du leidest oder ist es viel mehr der Mangel an Liebe der Schuld daran ist, dass Du unglücklich bist?

Liebe und Glücklich sein gehen Hand in Hand. Ja, das tun sie. Du leidest niemals, wegen der Liebe. Du leidest nur, weil Deine Erwartungen sich nicht erfüllen, was immer es auch ist, das Du Dir erhoffst.

Erwartungen. Das ist wirklich ein riesengroßes und wichtiges Thema, nicht wahr? Ja, wir werden auch darüber in diesem Buch sprechen.

GEHEIMNISSE DER LIEBE

Wir werden über die Liebe und ihre Geheimnisse reden und über Beziehungen. Wir werden auch unser Verhältnis zur Liebe besprechen und unser Verhältnis zu uns selbst.

Lieben und sich zugetan sein. Romanze und Sex. Verständnis und Unterstützung. Kompromiss und Freiheit. Wachsen und Sich entwickeln.

All das und mehr. Weil nämlich Liebe ein wachsender Prozess ist, gibt es nichts Endgültiges in der Liebe und im Lieben.

Das einzige, das sich niemals ändern wird, ist, dass Liebe Macht ist. Mangel an Liebe ist Mangel an Macht.

Wollen wir wetten? Ich habe es getan. Und dabei ging es nicht darum, wer gewinnt. Als ich gewann, war es die Liebe, die ich gewonnen hatte.

Wenn es also um die Liebe geht, gewinnt jeder, der die Geheimnisse der Liebe kennt.

Ich wünsche Euch Liebe. Und ich wünsche Euch glückliches Leben.

Johanna Kern

GEHEIMNIS NUMMER 1

AUF DER SUCHE NACH JEMANDEM ZU LIEBEN

Nach einem Seelenpartner suchen
– oder nicht,
DAS ist hier die Frage

Der Einzige. Unser Seelenpartner. Der Eine, mit dem wir leben wollen, mit ihm alt werden und uns niemals von ihm trennen. Die Eine, die Glück in unser Leben bringt und die alles richtig macht. Der Eine, der es wert ist, unter den Milliarden, die unseren Globus bevölkern, zu fahnden. Unsere Liebe, unser Geliebter, unsere Geliebte, unser Sonnenschein, Knuddelchen, Sahnehäubchen, Zuckerstückchen, Liebling, unsere bessere Hälfte, unser König, unsere Königin, Engel, Prinz Charming, Prinzessin Wundervoll, Tiger, Teddybär, Kätzchen, die Liebe unseres Lebens.

Die Liste der Kosenamen, mit denen wir gewöhnlich die Person ansprechen, die wir lieben, geht ins Uferlose. Und für manche Leute geht die Suche nach dem Seelenpartner weiter und weiter. Sie glauben, dass unter den Milliarden Menschen auf unserem Planeten irgendwo da draußen nur eine Person für sie bestimmt ist und dass sie diese Person eines Tages finden werden. Sie geben sich mit niemandem anderes zufrieden.

Es gibt zahllose Theorien darüber, wie man diese Person findet und erkennt. Es wird auch viel darüber geredet, wie man sich fühlt, sobald man diese Person trifft, der Magnetismus zwischen den beiden, der schwer zu beschreiben ist, die Verbundenheit, die bereits da ist, als sei sie irgendwie auf magische Weise shon vorhanden, noch bevor man sich getroffen hat. Man versteht und akzeptiert einander, unterstützt und gibt sich gegenseitig ein gutes Gefühl. Man ist unzertrennlich, einander von Anfang an verfallen und kann sich ein Leben ohne den anderen nicht vorstellen.

Oh, ich weiß, was für eine wundervolle, überwältigende und zauberhafte Geschichte das ist. Ja! Und das wollen wir! Wir alle, selbst die, die es nicht zugeben würden. Wir wollen ein perfektes Märchen, das für uns wahr wird und wir wollen die Person kennen lernen, die uns dieses Gefühl geben kann.

Stell dir mal vor, du hast diese „eine" Person schon getroffen. Es erklangen aber keine Glocken. Es gab auch keine anderen magische Zeichen, die mit dem Ereignis zu tun haben.

Denk mal darüber nach: Anziehung auf den ersten Blick, Magnetismus, Sehnsucht nach der Gegenwart, Spaß zusammen haben und mehr Zeit miteinander verbringen wollen? Das geschieht uns, wenn wir zum ersten Mal in unserem Leben jemanden toll finden. Oder zum zweiten Mal. Oder zum dritten Mal und so weiter.

Das alles sind keine Zeichen von wahrer Liebe. Das sind Hinweise, dass man stark von jemandem angezogen ist, den man interessant und aufregend findet. Und wir fühlen vielleicht diese Art von Anziehung nicht nur einmal im Leben sondern öfter, vielleicht sogar viele Male.

Wenn wir uns von jemandem angezogen fühlen, werden wir alles in unserer Macht Stehende tun, um die Anziehung aufrecht zu erhalten. Es sei denn, wir haben ungelöste, emotionale Probleme und behandeln diejenigen, die wir eigentlich begehren, auf eine nicht vorhersehbare, bösartige Weise. Aber lasst uns nicht bei diesem Thema bleiben. Wir kommen später darauf zurück.

Ja, aus einer starken Anziehung kann eine wunderschöne Liebe werden. Und ja, eine starke Anziehung kann einfach mit der Zeit erlöschen. Ebenso, wie eine kurzfristige Verliebtheit aus einer sexuellen Leidenschaft erwächst, ist eine starke Anziehung, die von jemandem ausgeht, aus welchem Grund auch immer wir diese Person so speziell finden, – keine wahre Liebe.

Gibt es also einen Seelenpartner, für den es sich lohnt, nach ihm Ausschau zu halten: Ja oder nein?

Als mein Ehemann Patrick und ich uns vor langer Zeit zum ersten Mal trafen, hatten wir keine Ahnung, dass wir eines Tages eine wundervolle Ehe führen würden, die bis zum Rand angefüllt ist mit Liebe und Glück. Da gab es auf beiden Seiten keine Anziehung und in unseren wildesten Träumen hätten wir uns nicht vorstellen können zusammen zu sein. Und dann änderte sich das vor ein paar Jahren. Was geschah? Was war es, das einen Schalter umlegte von einfacher Freundschaft zu einer tiefen Verbindung, an der trotz aller Umstände nicht zu rütteln war, die nicht zerbrochen werden konnte? Auf keinen Fall hatte es mit dem Altersunterschied zwischen uns zu tun, denn dieser Unterschied hatte sich in der Zwischenzeit nicht verändert. Ich bin viel älter als Patrick und in der heutigen Gesellschaft besteht die landläufige Meinung, dass eine ältere Frau bei einem jüngeren Mann keine wirkliche Liebe erfahren kann. Das Gegenteil, also Beziehungen zwischen viel älteren Männern und jüngeren Frauen, sind seit Jahrhunderten gesellschaftsfähig und niemand hat wirklich ein Problem damit, selbst wenn manche Leute komisch schauen. Von älteren Frauen wird jedoch generell nicht erwartet, dass sie attraktiv sind oder wirkliche Liebe finden. Ist das vielleicht eine Kehrtwende zurück zu der abgegriffenen Betrachtungsweise, dass die Aufgabe der Liebe die Reproduktion sei?

Liebe ist, weil sie ist. Sie mag in die Produktion von Nachkommen involviert sein oder auch nicht und das Alter der Frau hat sicherlich nichts damit zu tun. Viele junge Paare entscheiden sich dafür, gar keine Kinder zu haben.

Im Allgemeinen herrscht wenig Einigkeit darüber, was Liebe wirklich ist, ebenso wie kaum Konsens darüber besteht, was wahre menschliche Natur wirklich ist. Unsere Meinung tendiert dazu, sich an die Programmierung des Unterbewusstseins zu halten, mit der wir in den prägenden Jahren unserer frühen Jugend ausgestattet wurden.

Je nach unserer Herkunft und unserem Werdegang wiederholen wir die Muster unserer Betreuer, der Gesellschaft oder des Glaubenssystems, in dem wir groß geworden sind. Wir neigen dazu, den Autopiloten einzustellen und nicht groß über irgendetwas nachzudenken, es sei denn, es besteht ein besonderer Grund dafür. Oder wir beginnen uns zu entwickeln, kommen aus unserer Schale hervor oder – verlieben uns einfach. Weil nämlich, wenn wir uns verlieben, nichts anderes mehr zählt. Wir sehen die Person, wie sie wirklich ist: ein wunderschönes, menschliches Wesen, das wir lieben und bewundern und für das wir das Allerbeste wollen.

Die Liebe öffnet uns die Augen für die wahre menschliche Natur: unseren Kern, der frei ist von aller Programmierung und von unterbewussten Schatten (vielleicht sind wir uns unserer dunklen Seite nicht bewusst). Unser reines Herz kennt nur Schönheit und Harmonie. Unser reines Herz ist voller Freude und Liebe zum Leben.

So sind wir alle tief drinnen. Und wenn wir uns mit den Augen der Liebe betrachten, sehen wir nichts als Perfektion. Wenn wir wirklich jemanden lieben, spielt es keine Rolle, ob er jung ist oder alt, dünn oder rund, wie sein Gesicht gestaltet ist, welche Hautfarbe er hat, wo er geboren ist und – für diejenigen, die homosexuell sind – ob er „unser Typ Mann oder Frau" ist oder nicht. Wahre Liebe sieht eine Person, wie sie wirklich ist: ein wunderschönes, menschliches Wesen.

Also klingt das nun danach, dass, wenn man einen Seelenpartner sucht, man einfach die wahre Liebe findet?

Wenn das der Fall ist, denkst du dann, dass du unter den Milliarden Menschen auf unserem Planeten nur einen einzigen finden kannst, den du wahrhaft lieben könntest?

Ist die Antwort „nein", kannst du aufhören, nach deinem Seelenpartner zu suchen. Öffne einfach dein Herz und schau, was passiert. Liebe dein Leben, genieße deine eigene wunderschöne Natur und wenn du es am allerwenigsten erwartest, wird dir deine wahre Liebe tief in die Augen schauen, dich überraschen und dir dennoch das Gefühl geben, dass das, was zwischen dir und der Person vor dir geschieht, genau das Richtige ist.

Und wenn du glaubst, die perfekte Person finden zu müssen, die all deine Erwartungen erfüllt, die du im Kopf oder auf einem Blatt Papier aufgelistet hast, ja, dann endet deine Suche nach dem Seelengefährten niemals. Du suchst auch nicht nach wahrer Liebe. Du hältst nach einer Liebe Ausschau, die einem Entwurf entspricht. Es kann aber auch sein, dass du noch nicht bereit bist für eine wirkliche Beziehung und nur so herum suchst oder Ausreden gebrauchst, um dich nicht zu sehr auf jemanden einzulassen, warum auch immer. In dem Fall wirst du mit niemandem zufrieden sein, es sei denn, du findest die Gründe hinter deinem Wunsch nach dem perfekten Jemand heraus. Es kann auch passieren, dass du jemanden findest, der alle deine Kriterien erfüllt. Vielleicht hast du dann eine glückliche Beziehung mit der Person. Oder auch nicht.

Liebe schließt ein, nicht aus.

Liebe bittet jeden herein, stößt keinen zurück.

Liebe ist immer da, sie ist für dich jederzeit und überall zu haben. Mit wem du sie teilen wirst – hängt mit tieferen, sehr viel profunderen Gründen zusammen, als einfach nur: Wer ist der beste Partner für dich?

Bist du nun bereit herauszufinden, was Liebe wirklich ist?

Du hast zu diesem Buch gegriffen, ich werde also davon ausgehen, dass du erfahren willst, was die Liebe dich lehren kann.

Richtig. Liebe kann dir eine Menge über dich beibringen und auch über die Welt, in der du lebst.

Eins der Geheimnisse der Liebe ist, dass sie dich besser kennt als du dich selbst, besser als du dir vorstellen kannst. Sie wird dir Seiten von dir zeigen, von denen du nicht wusstest, dass sie überhaupt existieren.

Wahre Liebe bringt die schönsten Dinge in dir zum Vorschein. Sie zeigt dir aber auch, was du tief in dir vergraben hast und warum. Wieso du alles unterdrückst, was weh tut, alles, was du an dir nicht magst und dich nicht damit befassen willst. Sie wird dir helfen heil zu machen, was geheilt werden muss. Sie wird dich schütteln, zerbrechen und in einer höchst lohnenden, neuen Art und Weise wieder zusammensetzen.

Wahre Liebe kommt vielleicht unerwartet und präsentiert sich in einer Form, die du nicht erwartet hast.

Dein Seelenpartner ist vielleicht nicht genau der, nach dem du Ausschau gehalten hast.

Es ist vielleicht eine total andere Person als du dir vorgestellt hast.

Oh, und noch etwas: Wahre Liebe lässt dich wachsen. Sehr sogar. Und es spielt keine Rolle, welche Art Erfahrungen du hast, welches Wissen, welchen Beruf welche Erziehung oder Herausforderung akademischer Art du gemeistert hast. Die Liebe lehrt dich neue Dinge. Dinge, die du außerhalb des „Bereichs der wahren Liebe" nicht würdest lernen können.

Die Liebe, die mein Mann und ich miteinander teilen, öffnet mir jeden Tag die Augen für diese neuen Dinge. Richtig: Jeden Tag. Oh ja, er ist mein Seelenpartner – aber nicht so, dass er definitionsgemäß der einzige auf der Welt ist, der darauf wartet, von mir gefunden zu werden. Sondern weil wir beschlossen haben, dass das, was wir da haben, zu kostbar ist, um nur als Verbindung oder Mittel für unser Bedürfnisse und Wünsche zu fungieren – wie es bei so manchen Beziehungen der Fall ist. Wir haben entschieden uns einzulassen sodass unsere Verbindung sich in wahre Liebe verwandeln konnte.

Wie haben wir das entschieden?

In unseren Herzen wussten wir, dass Liebe immer da ist, uns stets umgibt. Wir öffneten also unsere Herzen für die Energie der Liebe in einer harmonischen, stillen Übereinkunft und da war sie: Wahre Liebe erfüllte uns ganz.

Unser Seelenpartner, unsere Seelenpartnerin ist einfach eine Person, die auf einem tieferen, man könnte sagen „Seelenlevel" mit dir die Energie wahrer Liebe teilt. Wahre Liebe findet man weder auf intellektueller, noch auf emotionaler Ebene. Deine Bereitschaft für die Liebe beginnt mit deiner

Bereit – Willigkeit.

Wenn du dich in einer Beziehung gut fühlen oder romantische Reize spüren willst, das „Glockenläuten" hören, die Magie, mit jemandem zusammen zu sein oder der Einsamkeit entrinnen, Glück finden, der

Leere ein Ende machen, etc. – dann bist du nicht bereit für die wahre Liebe. Es ist nichts falsch an deinen Wünschen. Es ist nicht verkehrt, ein schöneres, besseres Leben haben zu wollen. Aber zu erwarten, dass man nur jemandem finden muss, der dich liebt, damit sich deine Bedürfnisse nach Glücklich sein erfüllen, bedeutet nicht nur das Ziel zu verfehlen, es ist auch naiv. Dein Glück ist deine Sache. Du brauchst niemanden zum Glücklich sein. Du kannst trotz aller widrigen Umstände glücklich sein. Wirkliches Glücklich sein ist ein Geisteszustand, kein Gefühl. Die Freude oder Erregung, die du bisweilen fühlst, sind Emotionen, kein Glücklich sein. Niemand wird dir Glück auf einem silbernen Tablett servieren, weil man Glück nicht verschenken kann. Wenn wir sagen, jemand mache uns glücklich, meinen wir einfach, dass wir uns an dem freuen, was eine Person tut, und wir verbringen gerne Zeit mit ihr.

Glück ist kein Gegenstand, den man verschenkt, und Liebe ist nicht etwas, das kommt und geht.

Glücklich sein ist, weil es ist – es gibt überhaupt keinen Grund dafür.

Liebe ist, weil sie ist – ohne jeden Grund.

Glücklich sein und Liebe ist wie Luft – immer zu deiner Verfügung. Um Luft „zu dir zu nehmen", musst du einatmen, das heißt, du musst die Nasenlöcher oder den Mund öffnen. Um Glücklich zu sein und Liebe „zu dir zu nehmen", musst du dein Herz und deinen Geist öffnen.

Dein Seelengefährte wird dich nicht mit Liebe und Glück versorgen.

Dein Seelengefährte wird Liebe und Glück mit dir teilen. Wann geschieht das?

Wenn du aufhörst wissen zu wollen, was Liebe nicht ist und dich dafür öffnest, was Liebe in deinem Leben sein kann, dann wirst du die Person kennen lernen, die bereit ist für das, wofür auch du bereit bist.

Und, ja, du kannst dich dafür entscheiden, dass das dein Seelengefährte oder deine Seelengefährtin ist. Deine wahre Liebe. Der oder die Einzige. Der/Die jenige, der/die die Liebe mit dir erfahren will.

Es kann auch geschehen, wenn du schon in einer Beziehung bist, bei der es nicht so gut läuft. Wenn ihr beide entscheidet zusammenzubleiben und es auf einen Versuch ankommen lasst, um zu sehen, „wohin das Ganze führt", wenn ihr beide bereit seid, Möglichkeiten und neue Wege für Gemeinsamkeiten zu finden. Es kann dann tatsächlich zu einer Verbindung führen, die sich in wahre Liebe verwandelt. Und zu deiner eigenen Überraschung wird die Person, die dir auf die Nerven gegangen ist, nun zu jemandem, mit dem du den meisten Spaß hast.

Seelengefährten gibt es nicht nur in verschiedenen Formen und Gestalten. Wir lernen sie auch kennen, wenn wir am wenigsten erwarten, dass wirkliche Liebe in unser Leben tritt. Wir wollen nicht einmal erwarten, dass das geschieht, weil wir schon innerlich angefüllt sind mit Liebe und nicht finden, dass wir noch welche brauchen.

Seelengefährten sind nicht dazu da, uns Liebe zu schenken. Sie sind hier, um mit uns in der Liebesenergie zu sein.

GEHEIMNIS NUMMER 2

WAS IST LIEBE
UND WAS IST SIE NICHT

Es gibt ebenso viele Ansichten und Theorien darüber, um was es sich bei der Liebe handelt, wie es Leute gibt, die sich über dieses faszinierende und spannende Thema Gedanken machen.

Ist Liebe ein Gefühl, eine Emotion, ein Geisteszustand? Ist sie das Beste, das uns jemals passieren kann oder ist sie ein Desaster, das unser Leben ruinieren kann?

Oder ist Liebe ein „Dilemma", eine „Situation", eine „geistige oder emotionale Störung", die über uns hereinbricht?

Fragen wie diese haben zahllose Schriftsteller, Dichter, Darsteller und andere Künstler, Psychologen und Philosophen endlos gestellt. Auch diejenigen, die jemals verliebt waren oder hofften, es zu sein.

Wir alle sind von Natur aus Liebende und das deshalb, weil wir, ob wir es nun gemerkt haben oder nicht, immer geliebt haben (auf die eine oder andere Weise) und wir sind angefüllt mit Liebe.

Wenn wir über Liebe sprechen, ist das erste, was uns in den Sinn kommt, die Romantische Liebe, die, die uns mit Leidenschaft füllt, unseren Herzschlag verändert und uns die eine, einzige Person in der ganzen Welt anbeten lässt.

Die Liebe hat jedoch viele Gesichter, wie die meisten von uns bereits herausgefunden haben.

Da gibt es Mutter-/Vaterliebe, die biologische Bindung, die wir fast alle entdeckt haben, als wir noch im Mutterleib waren.

Es gibt eine Familienliebe, die wir durch die Verbindung zu unseren Geschwistern, Großeltern und andere Verwandten kennen gelernt haben.

Manche von uns empfinden Liebe zu ihren Haustieren, zur Natur, zu einer Stadt, einem Land oder dem gesamten Globus. Andere sagen, sie lieben die Menschen.

Einige beschreiben Liebe als ein Gefühl, das sie haben, wenn sie über ihr Leben erzählen, ihr Haus, ihr Auto, den Computer, iPod, das iPhone, Handy – oder andere Dinge, die sie besitzen oder erwerben wollen.

Egal, in wen oder was, – wir alle haben schon Möglichkeiten gefunden, „uns zu verlieben" oder zu „lieben", wer oder was uns erstrebenswert oder „würdig" war, dass wir Zeit, Energie, Gedanken und Herz investieren.

Wir alle kennen die Liebe, wenn nicht durch eigene Erfahrung, dann wenigstens durch Beobachtung oder Lebensweisheit, die uns von der Existenz einer solch enormen Macht erzählt hat.

Patrick und ich sehen die Liebe nicht als eine Emotion. Klar, es gibt Emotionen, die in romantischen Beziehungen mit dem Teilen der Liebe zu tun haben. Die Leidenschaft gehört dazu, die Zärtlichkeit, die Sehnsucht oder einfach die Freude am Zusammensein. Aber diese Emotionen sind keine Liebe.

Wissenschaftler würden natürlich mit uns streiten, weil sie zu der Theorie neigen, Liebe sei eine der grundlegenden menschlichen Antriebsfedern, vergleichbar mit Hunger oder Durst.

Die herkömmliche Ansicht über Liebe in der Biologie ist, dass sexueller Antrieb, Vorliebe für einen Partner und Bindungsverhalten regiert werden von den hauptsächlichen Neurochemikalien: Testosteron, Östrogen, Dopamin, Oxytocin, und Vasopressin. Sie führt weiter aus, dass die sexuelle Triebfeder in denen, die verschiedene sexuelle Begegnungen haben, ein Resultat der biologischen Bedürfnisse ist, sich mit vielen verschiedenen Partnern zu paaren, während die Romantische Liebe ein Zeichen dafür ist, das der Fokus auf der Hinwendung zu nur einem Partner liegt, was als Resultat für das biologische Bedürfnis gilt, ein Paar zu bilden, um die Nachkommen aufzuziehen.

Vielleicht stimmen manche Leser dieser Erklärung zu, und das respektiere ich völlig. Aber wie schon in dem vorangegangenen Kapitel angemerkt wurde, entscheiden sich zahlreiche Paare dagegen Kinder in die Welt zu setzen. In ihrer Beziehung geht es nicht um Kinder. Sie wollen um des Zusammenseins willen zusammen sein, das ist alles. Die Zahl dieser Paare steigt konstant: anderes Geschlecht, gleiches Geschlecht – such dir etwas aus. Willst du ihnen erzählen, sie seien nicht verliebt, weil sie den Planeten nicht weiter bevölkern? Selbstverständlich nicht! Natürlich lieben sie sich, da gibt es keinen Zweifel.

Ja, die chemischen Reaktionen und die damit verbundenen Emotionen kommen ins Spiel, wenn wir unseren Partner umarmen, seine/ihre Hand berühren, die geliebten Lippen küssen und die Augen vor Glückseligkeit schließen – aber das ist keine Liebe sondern die Chemie in unserem Körper. Das Liebe zu nennen ist eine riesige Untertreibung und offen gesagt ein wissenschaftlicher Fehler. Es gibt Leute, die sehnen sich auf die gleiche Weise nach einem Hamburger – ich will nicht sagen, sie wollen Sex mit ihm! Ich meine, sie wünschen ihn sich mehr als alles andere auf der Welt! Hier und jetzt auf der Stelle! Wenn sie dann erst einmal hineinbeißen können, schließen sie die Augen vor Glück bei dem Geschmack, den sie auf der Zunge haben. Klar. Die chemischen Reaktionen und die damit verbundenen Emotionen kommen ins Spiel, wenn wir etwas (oder jemanden) mit den Sinnen erleben – aus der Nähe oder ganz von ferne. Das ist gar keine Frage. Aber – ist das Liebe?

Du schüttelst vielleicht in diesem Moment den Kopf, zuckst mit den Schultern und meinst: „Wissenschaft ist eine Sache des Intellekts, während Liebe eine Herzensangelegenheit ist. Liebe hat nichts mit Denken zu tun. Wir fühlen Liebe und so wird sie lebendig."

Interessanterweise bist du da auf etwas gestoßen. Interessanterweise hast du gleichzeitig Recht und Unrecht.

Bevor wir zu irgendeinem Schluss kommen, lass uns das Thema Liebe noch tiefer beleuchten. Es gibt in diesem Buch viel darüber zu lesen, wir können uns Gedanken dazu machen und uns daran erfreuen, bevor wir festlegen, was genau wir eigentlich fühlen und denken über die Liebe.

Manche von uns fürchten die Liebe. Manche von uns erwarten, dass mit dem Entdecken von jemandem, den man lieben kann, all unsere Probleme gelöst werden. Manche betrachten die Liebe als einen Schritt hin zum persönlichen Wachstum. Andere glauben nicht an die Liebe und begnügen sich mit Sex.

Wir sollten nicht die Augen und Ohren verschließen vor allem, was neu für uns ist oder sogar schockierend, beunruhigend und auf irgendeine Art und Weise unsere Ansichten herausfordert.

Lasst uns sehen. Lasst uns hören.

Lasst uns offen sein und liebevoll, wenn es um das

Thema Liebe geht.

Patrick und ich sehen die Liebe als eine Energie. Eine machtvolle Energie, die frei zwischen uns und durch uns hindurchfließt. Wir beide teilen diese Energie nicht nur, sondern wir lassen sie auch in unsere Umgebung fließen. Wir lieben es, wenn unser Haus erfüllt ist von der Liebesenergie. Oder vielmehr: Wir lassen die Liebe zu unserem Heim werden. Und weißt du was? Es funktioniert!

Zu unserem Verständnis von Liebe sind wir durch die uralte Weisheit der Meisterlehren der Hoffnung gekommen, die die Liebe als eine Energie beschribt, die die Welt beeinflusst. UND als einen der inneren Prozesse, durch den wir alle früher oder später an einem bestimmten Punkt unseres Lebens gehen.

Nach den alten Meistern gibt es sieben Aspekte der Liebesenergie: Freude, Anerkennung/Akzeptanz, Respekt/Demut (bescheiden sein), Gleichheit (Ebenbürtigkeit). Hingabe, Ausgleich und Versöhnlichkeit.

Diese Qualitäten der Universellen Liebe umschmeicheln täglich unsere Romantische Liebe, die , wenn sie erfolgreich ist, fast Unvorstellbares bewirkt.

Wusstest du, dass ich eigentlich ein anderes Buch über Liebe schreiben wollte? Ja, es sollte eine detaillierte Analyse der Liebe werden und ihre Auswirkungen auf unser Leben durch die Augen der Wissenschaft, Psychologie, Philosophie, Kunst und Literatur. Aber dann befragten uns so viele Leute über die Geheimnisse unserer glücklichen Beziehung – und ich änderte mein Vorhaben.

Lasst uns die Geheimnisse der Liebe entschleiern.

Lasst uns lieben.

Lasst uns geliebt werden.

Und lasst uns Liebe sein.

GEHEIMNIS NUMMER 3

SICH VERLIEBEN

BEGEISTERN SICH ÄPFEL FÜR ORANGEN?

„Du bist anders", sagte er.

„Anders als wer?"

„Anders als irgend jemand, den ich je kennen gelernt habe."

Kommt diser Dialog dir irgendwie bekannt vor? Wie oft hast du schon etwas Vergleichbares im Kino gehört, möglicherweise in einem Buch gelesen oder vielleicht mit einem Freund so über eine Person geredet, in die du oder dein Freund sich verguckt hat.

„Sie ist anders. Sie ist speziell. Er ist so anders. Ich habe noch nie jemanden wie ihn getroffen." Wir verwenden diese oder ähnliche Sätze, wenn wir über jemanden sprechen, den wir attraktiv finden.

Der Dialog am Anfang des Kapitels ist tatsächlich die genaue Wiedergabe der Worte, die Patrick und ich wechselten, als wir uns wieder trafen, nachdem wir uns über Jahre aus den Augen verloren hatten. Es war eine kurze Begegnung, sie reichte jedoch für ihn aus, um mich von einem anderen Level aus zu betrachten. Obwohl er mich schon Jahre kannte, war es das erste Mal, dass ihm klar wurde, wer ich war. Bin ich anders, als irgend jemand, den er je kennengelernt hat? Aber sicher!

Es gibt keine zwei identischen Individuen oder identische Leben. Nicht nur, dass jeder Mensch einzigartig ist. Auch jedes Tier, jede Pflanze, jeder Stein, jedes Sandkorn, Wassertröpfchen oder Schneeflöckchen.

Jedes Blatt am Baum unterscheidet sich nicht nur von den Blättern des gleichen Baumes, nicht nur sind die Grashalme auf einer Wiese alle verschieden. Sondern auf der ganzen Welt gibt es nicht zwei gleiche Blätter, zwei gleiche Grashalme.

Nun stell dir diese unendliche Fülle des Lebens vor, dieses Ausmaß allen Lebens, das uns umgibt, diesen herrlichen Reichtum in uns.

Als Patrick mir an diesem Tag kurz begegnete, nahm er wirklich wahr, wer ich bin. Zum ersten Mal sah er mich an und sah MICH. Nicht die Idee, die er vielleicht von mir hatte und nicht meine Oberfläche. Er schaute in mich hinein und erkannte meine Einzigartigkeit. Und obwohl wir uns danach ein Jahr lang nicht sahen – als wir uns wieder begegneten, wusste er, wie er mich anschauen musste, um mich zu sehen und nicht seine Idee von mir.

Und so fängt es an. Da gibt es den Augenblick, wenn wir jemandes Einzigartigkeit erkennen und sie sehr anziehend finden. Von dem Moment an sehen wir die Person als jemanden Spezielles, Kostbares, Andersartiges, Faszinierendes und Spannendes. Und wir haben auch ganz recht! Es gibt so viel Schönheit in einem menschlichen Wesen. Ihre Augenfälligkeit verdient unsere Bewunderung. Und wenn wir anfangen, das Spezielle an jemandem zu bewundern, kann es sich in Verliebtheit verwandeln und später, wenn die Begeisterung anhält, finden wir Liebe.

Sich verlieben ist nicht nur eine sexuelle Passion, die wir beim Anblick von jemandem oder dem Gedanken an jemanden empfinden, den wir begehren. Es ist die Bewunderung des Besonderen. Natürlich fühlen wir oft auch die sexuelle Anziehung, denn unser Körper durchläuft dauernd alle Arten von chemischen Reaktionen. Es ist normal, dass man an diese besondere Person denkt oder sie sieht und man plötzlich Herzklopfen bekommt oder sich in Phantasien verliert. Aber der Unterschied zwischen Vernarrtheit und Verliebtheit ist ganz klar.

Vernarrtheit wird gewöhnlich als physische Anziehung beschrieben, obwohl wir auch von jemandem wegen seiner besonderen Eigenschaften hingerissen sein können, die nicht ausschließlich physischer Natur sind. Sich in jemanden zu verlieben hingegen bedeutet, dass wir eine Person wegen ihres wahren Wesens bewundern. Das ist ein viel tieferer Level, als ihr Äußeres oder ihre interessante Persönlichkeit zu verehren.

Kann Vernarrtheit zu wahrem sich Verlieben führen?

Vielleicht. Vielleicht auch nicht.

Vernarrtheit verfliegt mit der Zeit und wenn dann keine tiefere Verbundenheit zwischen zwei Menschen besteht, gibt es nicht genügend Substanz in ihrer Beziehung, um sie wirklich erfüllend zu machen. Nicht einmal, wenn sie heiraten oder Kinder bekommen. Wenn ein Paar sich nicht wirklich gegenseitig schätzt, ist für eine Beziehung keine Basis vorhanden, auf der wahre Liebe gedeihen kann.

Es passiert dann gewöhnlich, dass das Paar plötzlich bemerkt, dass sie tatsächlich so unterschiedlich sind wie Äpfel und Orangen – nur dann ist diese Bedeutung negativ.

„Wir haben nicht mehr viel gemeinsam. Wir sind so verschieden. Ich ertrage ihn nicht mehr. Sie macht mich wahnsinnig. Er versteht mich überhaupt nicht. Ich weiß gar mich mehr, wer sie eigentlich ist. Er hat sich verändert und ich mag ihn so nicht. Sie war früher anders."

Ja. Welch eine Überraschung! Die Person, die man geheiratet hat, ist nicht die, mit der man zusammen sein wollte. Ebenso, wie man sich in sexuellen Phantasien mit ihr ergangen hat, so kreiert man eine ganze Menge Phantasien darüber, wie man sich die Person wünscht. Man versucht nicht, sie zu sehen, wie sie gewesen ist, sondern will mit der Phantasiegestalt zusammen sein.

Streitgespräche. Kämpfe. Gebrochene Herzen. Scheidung. Schmerz. Einsamkeit. Vielleicht eine Wende – und dann geht das Ganze von vorne los. Oder die Suche nach einem Seelengefährten beginnt von neuem (oder geht weiter), weil nichts anderes genügt. Da muss doch eine perfekte Person irgendwo auf diesem Planeten sein, und diese Person wird das wahre Glück liefern, mit der man bis ans Ende seiner Tage glücklich sein kann.

Der Punkt ist, dass wir immer wie Äpfel und Orangen sind.

Wir sind alle verschieden, weil wir alle einzigartig sind.

Die Frage ist: Weißt du, wie die Person, mit der du zusammen bist, wirklich ist? Oder hat dich etwa der Gedanke umgehauen, wie phantastisch es für dich wäre, mit ihr zusammen zu sein und was sie alles für dich liefern könnte: Spaß, Schönheit, ein besseres Gefühl von dir selbst oder ein gutes, vielleicht sogar ein komfortables Leben? Wenn du glaubst, dass sie deine Erwartungen erfüllt, die du auf deiner Liste der Charaktereigenschaften der Person, nach der du suchst, zusammengetragen hast, vergiss nicht, dass dieses Bild vielleicht nicht der Realität entspricht. Naja, vielleicht ist die Person so, wie du sie dir vorstellst. Aber die Chance ist bei weitem größer, dass dem nicht so ist. An der Oberfläche erfüllt sie deine Erwartungen. Wohlgemerkt: an der Oberfläche. Aber darunter kommt eine „Orange" zum Vorschein, die du nicht willst. Früher oder später wird sich die Natur der „Orange" enthüllen. Es ist unausweichlich in einer Beziehung. Und dann wird der Entwurf deiner Liebe wie ein Kartenhaus zusammenfallen.

In vielen romantischen Filmen und Büchern sehen wir wieder und wieder dieses Szenario: Zunächst sind der Held oder die Heldin in einer Beziehung untröstlich oder unglücklich, weil sie nicht das war, was sie sich vorgestellt hatten. Entweder gehen sie auseinander, sie versuchen eine Wende oder sie treffen auf „die eine Person", die perfekt für sie ist. Gewöhnlich endet die Geschichte an der Stelle und sie lebten glücklich bis ans Ende ihrer Tage, so wird uns suggeriert.

Na klar. Das geschieht laufend im wahren Leben, oder? Natürlich nicht! Es gibt Ausnahmen, aber normalerweise finden der Held oder die Heldin niemals ihre wahre Liebe und begnügen sich entweder mit einer nicht sehr erfüllenden Beziehung oder durchleben viel Kummer und Herzeleid. Vielleicht entscheiden sie sich dafür alleine zu bleiben und haben nur einige sexuelle Begegnungen ohne feste Bindung, weil sie glauben, Liebe bedeute für sie nur Schmerz und Unglück.

Erst kürzlich hatten wir ein kleines Gespräch mit unserem Taxifahrer. Der ältere Mann war geschieden, hatte Kinder, war Großvater und sogar schon Urgroßvater. Er war stolz auf seine Enkel und Urenkel und erzählte uns, dass er seinem Urenkel raten würde, „sich niemals einzulassen". Frauen sollte er nur kennen lernen, um Sex mit ihnen zu haben, weil dieser alte Mann auf dem Standpunkt stand, Heirat führe nur zu Enttäuschungen und Frauen seien niemals mehr die gleichen, wenn man sich erst einmal gebunden hätte. Er erzählte uns, wie großartig sein 26-jähriger Urenkel aussähe, der sich täglich im Freien als Landschaftsgärtner betätige, in der Freizeit Gewichte hebe, und seine Muskeln seien perfekt ausgebildet. „Das habe ich früher auch gemacht, wissen sie. Gewichte heben war genau mein Ding. Naja, jetzt bin ich alt. Aber gute Muskeln sind ein wahrer Frauenmagnet", fuhr er höchst überzeugt fort. „Frauen sind nur für den Sex gut. Ich lasse sie zu mir kommen und wir haben Spaß. Danach können sie gehen. Feste Beziehungen sind nicht gut. Sie stürzen einen nur ins Unglück. Ich bin stolz auf meinen Urenkel, weil er es jetzt schon kapiert. Er lernt es von mir. Ich habe es von meinem eigenen Vater gelernt, weil der auch so gelebt hat."

Wir, als das glückliche Paar, das wir sind, waren sehr traurig, als wir später über diesen alten Mann in unserem Zuhause, das angefüllt ist mit Liebesenergie, sprachen. Wir glauben, dass er niemals Liebe kennengelernt hat. Wir merkten, dass er nicht nur zornig auf seine Exfrau war, sondern dass unter diesem Zorn sehr viel Trauer war. Er ist noch immer verletzt und fürchtet sich vor noch mehr Schmerz. Deshalb schützt er sich mit seinem großspurigen Selbstvertrauen und seinem dummen Standpunkt vor allem, wovon er glaubt, dass es ihn verletzen könnte.

Noch trauriger an der Geschichte ist, dass die Erfahrung des alten Mannes weitergereicht wird an den Urenkel, der hoffentlich nicht auf Dauer, seiner eigenen Erfahrungen mit der Liebe beraubt wird. Er, der junge Mann, akzeptiert den Standpunkt des Urgroßvaters als Lebensweisheit. Schließlich hat der es von seinem Vater gelernt, es muss also wahr sein. Diese Überzeugung verhindert vielleicht, dass der junge Mann sein Herz öffnet. Er arbeitet lieber an dem Aufbau seiner Muskeln, um sich stark zu fühlen. Sein Herz ist gut versteckt unter diesen Muskeln, geschützt und nicht zu berühren. So setzt sich die Tradition der Familie fort. Ein Mann nach dem anderen hinterlässt der nächsten Generation ein Vermächtnis, das lautet: „Liebe ist schlecht. Sex ist gut". Dieses Vermächtnis scheint eine sich selbst erfüllende Prophezeiung zu sein. Sie kennen keine Liebe und sie wissen nicht, wie sie zu finden ist.

Die Absicht dieses Buches ist nicht, dir zu sagen, wie du dein Leben führen sollst. Es kann dir nicht sagen, was das Beste für dich ist. Dieses Buch ist für diejenigen, die mehr über die Liebe erfahren wollen, wie sie auf uns wirkt, wie sie unterstützt, wer wir sind und wer wir werden können. Ich habe es für diejenigen geschrieben, die mehr über die Liebe herausfinden wollen, keine Angst vor ihr haben und eine Beziehung anstreben, die auf wahrer Liebe basiert. Deshalb beachte bitte, dass ich weder irgendeine Art zu leben verurteile, noch eine besondere Lebensweise anpreise. Ich teile mit dir mein Wissen über die Liebe, die ich aus den Meisterlehren der Hoffnung geschöpft habe (mehr davon über mein Leben am Ende des Buches) und auch aus meinen eigenen Erfahrungen in meiner glücklichen Beziehung. Du kannst das Wissen zur Kenntnis nehmen, verarbeiten und umsetzen in deiner eigenen Erfahrung – oder auch nicht. Ich schreibe dir nicht vor, wie du leben sollst.

Ich zeige dir nur, was Liebe ist und was nicht. Die Schlüsse, die du daraus ziehst, sind deine Sache. Jede Wahl, die du im Leben triffst, ist völlig in Ordnung. Dein Leben ist deine Reise und es hängt nur von dir ab, was du daraus machst.

Wenn du bereit bist, dich in jemanden zu verlieben anstatt nur vernarrt zu sein, musst du zunächst akzeptieren, dass deine Liste der Erwartungen dir nicht zu wahrer Liebe verhelfen wird.

Ich sage nicht, dass du völlig vergessen sollst, was du magst und was nicht, was du bevorzugst. Mach dir keine Sorgen – du wirst nicht angezogen werden von etwas, das du verabscheust. Es sei denn, es ist etwas in dir zerbrochen, das dich nun vom Unterbewusstsein her kontrolliert. In dem Fall werden dich all die negativen Überzeugungen, die in deinem Unterbewusstsein eingegraben und versteckt sind, dazu verleiten, dass du dich von ihnen angezogen fühlst, damit sie recht behalten.

Das gilt für Erlebnisse in der Schule, im Job, im beruflichen und privaten Leben. Und wenn du dich nicht mit dieser Programmierung beschäftigst, wirst du bestimmte Muster immer und immer wiederholen.

Vergiss nicht, dass, bevor wir unser Leben nicht bewusst leben, unser Unterbewusstsein durchschnittlich 90 % unseres Denkens und Verhaltens bestimmt. Es ist sinnvoll für unsere Gewohnheiten, Emotionen, automatischen Reaktionen, defensiven Mechanismen, etc., die uns vor ungewollten Reaktionen im Leben bewahren.

In unserem romantischen Leben bedeutet das, wie wir auf die Person reagieren, mit der wir es zu tun haben. Wenn sie uns an der Angel hat – Mann, dann sind wir geliefert! Da zeigt es sich auch, welche Art von Menschen wir anziehend finden und welche Beziehungen wir haben oder nicht haben. Der Taxifahrer in unserer Geschichte wurde getrieben von seinem nicht gestillten, emotionalen Schmerz. Es gab keine bewusste Logik in seinem Verhalten, und er hatte sein Leben auf Autopilot gestellt. Zu allem Überfluss drückte er seinem eigenen Urenkel sein negatives Muster auf.

Glaubst du, dass das irgendwie hilfreich für den jungen Mann war? Glaubst du, dass er den Versuch wagen wird, seine wahre Liebe zu finden und anschließend eine befriedigende, glückliche Beziehung mit irgend jemandem hat? Ich bezweifele es. Nicht, bevor er sich nicht befreit hat von den Mustern seines Urgroßvaters, die er als seine eigenen akzeptiert hat. Vielleicht wird er eines Tages in der Lage sein, sich zu öffnen und das Leben auf andere Weise betrachten können. Oder er wird nie diese künstliche Schale durchbrechen können, und sein Leben wird niemals frei und glücklich sein.

Wenn uns klar wird, dass wir mit Autopilot funktionieren, ist es das Beste, wir hören auf, nach einem Gefährten oder einer Gefährtin zu suchen. Am besten kümmern wir uns um unsere Wunden und unsere negativen Muster, bevor wir eine Beziehung eingehen. Uns muss erst bewusst werden, wer wir innerlich sind. Unser Unterbewusstsein lässt uns nämlich nicht nach wahrer Liebe suchen, wenn wir uns nicht von dem befreien, was darin eingegraben ist. Es lässt uns vielmehr nach jemandem Ausschau halten, der ein Pflaster für unsere Wunden abgeben soll. Oder nach jemandem, bei dem wir das Gefühl haben, seine Gegenwart in unserem Leben lässt alle Probleme und Ängste verschwinden. Oder nach wem auch immer, der die Wünsche und Verlangen unseres Egos erfüllt. Wir schauen nicht nach wahrer Liebe, sondern nach jemandem, der uns ein besseres Gefühl von uns selbst verschafft.

Das erreichen wir aber nie. Diese Person wird zu einem temporären Pflästerchen für das, was niemals geheilt werden wird, es sei denn, wir beschäftigen uns damit.

Wenn du dich wieder verliebst, frage dich: Ist es diesmal anders oder wiederhole ich meine Muster? Wenn ich mich zu einem bestimmten Typ Mensch hingezogen fühle, gibt es da in meinem Unterbewusstsein etwas, das die Regie in einer solchen Situation übernimmt? Ist es wirklich Liebe, die ich empfinde? Wenn nicht, was ist es dann? Warum finde ich diese Person attraktiv?

Unsere Emotionen oder die starke Anziehung, die jemand ausübt, sind keine Liebe.

Liebe ist Energie.

Wenn wir den Unterschied nicht kennen, gehen wir immer wieder in die gleiche Falle.

Wenn wir uns wirklich in jemanden verlieben, bemerken wir seine wahre Essenz. Wir sind voller Bewunderung für das, was er auf einer tiefen Ebene darstellt, und wir lassen die Liebesenergie die Bewunderung unterstützen.

Wenn wir erst einmal wissen, was Liebe ist, wird Lieben ganz einfach.

GEHEIMNIS NUMMER 4

WAS TUN, WENN DU DICH VERLIEBT HAST:

DICH DARAUF EINLASSEN, ABSTANT WAHREN ODER MACHEN, DASS DU WEGKOMMST??

Wahre Liebe ist niemals blind.

Sie hat Röntgenaugen.

Weißt du, wie Patrick und ich wussten, dass wir uns wirklich ineinander verliebt hatten, und dass es nicht nur Vernarrtheit war?

Nicht, weil wir uns zu einander hingezogen fühlten. Wenn du dich umschaust, kannst du zahlreiche Leute entdecken, die physisch oder intellektuell ansprechend sind. Du kannst wirklich ihr Sosein schätzen, aber du musst dich nicht notwendigerweise in sie verlieben.

Ein Leben ohne einander – an so etwas dachten wir nicht, weil wir überhaupt nicht darüber nachgrübelten, ob wir immer zusammen bleiben würden oder nicht. Und es war mit Sicherheit auch nicht so, dass wir dachten, wir seien füreinander geschaffen, oder dass wir uns den anderen als perfekte Person vorstellten. Nein. Wir wussten ganz klar, dass keiner von uns perfekt war.

Nun kommen wir zurück zu dem Thema, wie die Liebe in vielen Büchern und Filmen dargestellt wird. Diese Geschichten beeinflussen ganz sicher das Unterbewusstsein der Leser und Kinogänger und prägen ihnen ein, wie es im Idealfall im Leben ablaufen sollte. So haben wir dann ein Bild von einer „perfekten Romanze" im Kopf, das wir den Büchern und Filmen verdanken. Das sieht gewöhnlich etwa so aus: Wir lernen die Person kennen, die einfach perfekt für uns ist, dass wir ohne sie nicht mehr leben können. Wir erleben auf die eine oder andere Weise sehr viel Stress, ebenso wie der Held oder die Heldin im Film, bevor wir schließlich die Person unserer Träume unser eigen nennen, denn erst müssen wir leiden. Unsere Welt bricht vielleicht zusammen, und wir haben allerlei Unangenehmes zu ertragen. Wir verlieren zum Beispiel völlig die Orientierung und man kündigt unseren Job. Oder wir fallen durch eine Prüfung, – es gibt viele Arten von vorstellbaren, persönlichen Katastrophen.

Die Handlung der Geschichten oder Filme mag wirklich unterhaltsam sein und spannend klingen, sie haben aber nichts mit wahrer Liebe zu tun.

Liebe verursacht nicht Leiden. Vielleicht sehnen wir uns nach der Person, die wir lieben, aber diese Sehnsucht, die gewöhnlich am Anfang einer Beziehung besonders heftig ausfällt, verursacht kein Leiden oder bewirkt, dass wir von schlimmen Problemen heimgesucht werden.

Besessenheit verursacht Leiden, die Liebe nicht.
Von jemandem besessen zu sein, ist keine Liebe.

Liebe lässt uns nicht leiden. Liebe beginnt mit Freude und erfüllt uns mit Freude.

Wenn du dich verliebst, musst du lächeln, wenn du an die Person denkst, die du vergötterst. Natürlich sehnst du dich nach ihr, wenn du sie eine Weile nicht siehst, aber du leidest nicht, denn du bist glücklich, dass es sie gibt. Du bist glücklich, dass sie da irgendwo ist, atmet und das tut, was sie gerade tut. Du brauchst nicht einmal genau zu wissen, womit sie sich in diesem Augenblick beschäftigt. Es wäre schön, aber nicht nötig. Du machst dich nicht verrückt, weil du es nicht weißt. Gedanken an sie erfreuen dich einfach.

Genau deswegen wussten Patrick und ich, dass wir uns ineinander verliebt hatten. Natürlich haben wir das beide nicht analysiert. Wir freuten uns einfach und genossen es. Wir ließen die Dinge so geschehen, wie sie wollten. Wir ließen die Liebesenergie zwischen uns fließen, und wir hießen sie mit Offenheit und Vertrauen willkommen. Wir machten keine Pläne, denn wir hatten keine Erwartungen, wohin sie uns führen sollte. Wir ließen die Freude zu, die wir empfanden und auch die Liebe.

Wahre Liebe entwickelt sich und beginnt mit Freude, die ein Aspekt der Liebe ist. Jede Beziehung ist anders, weil wir alle verschieden sind. Deshalb entwickelt sich jede Beziehung entsprechend dem natürlichen Rhythmus der Beteiligten. Allerdings gehört es auch zur Entwicklung der wahren Liebe in einer Beziehung, dass man schrittweise die sieben Aspekte der Liebe erkundet, von denen wir schon gesprochen haben und sie erfährt. Es sind **Freude, Anerkennung/Akzeptanz, Respekt/Demut (wenn man bescheiden ist), Gleichheit (Ebenbürtigkeit), Hingabe, Ausgleich und Versöhnlichkeit.** Obwohl dies die Aspekte der Universalen Liebe sind, beeinflussen sie uns auch in unserer romantischen Beziehung und wir lernen sie früher oder später kennen.

Wahre Liebe beginnt mit Freude. Es ist gut, sich daran zu erinnern, damit man nicht Vernarrtheit oder Besessenheit mit Liebe zu jemandem verwechselt.

Warum empfinden wir Freude, wenn wir uns in jemanden verlieben?

Es geschieht, wenn wir jemanden auf einer tieferen Ebene erkennen und schätzen. Wenn wir jemanden über sein physisches Aussehen oder seine persönlichen Eigenheiten hinaus um seiner selbst willen bewundern, haben wir tief drinnen ein sehr wohltuendes Gefühl. Das unterscheidet sich sehr von dem Gefühl, von der Schönheit und den persönlichen Eigenheiten von jemandem völlig berauscht zu sein. Es ist ein tiefes und aufrichtiges Gefühl, das sich erstaunlicherweise in Freude verwandelt. Es läuten nicht plötzlich alle Glocken, und wir verlieren nicht den Kopf oder kommen außer Atem. Wenn unser HERZ ein anderes HERZ erkennt und bewundert, empfinden wir stille Freude. Wir sind vielleicht gar nicht sicher, was das für ein Gefühl ist. Wir wissen nur, es fühlt sich gut an.

Nun, vielleicht fragst du mich jetzt, von was für einem „Herzen" ich überhaupt spreche?

Um das zu klären, muss ich einen Augenblick das Thema Liebe beiseite lassen und dich auf einen kleinen Umweg einladen.

Du hast wahrscheinlich bemerkt, dass ich das Wort „HERZ" mit großen Buchstaben betone. In den Meisterlehren der Hoffnung schreiben wir das Wort so, wenn wir damit den Kern unserer Essenz, unser „reines inneres Sein" beschreiben. Es ist der Teil von uns, der unsere eigene, wunderschöne Wahrheit enthält, die frei ist von Konditionierung und Furcht. Was genau heißt das? Das bedeutet, dass du auf einer tiefen Ebene nicht deine physische Gestalt bist, nicht deine Persönlichkeit, nicht dein Geist, deine Emotionen oder dein Ego. Du bist Bewusstsein. Du bist Bewusstsein, das sich zum Ausdruck bringt, indem es deinen Körper erfährt, deine Persönlichkeit, Emotionen, deinen Geist, dein Ego, Wenn du willst, kannst du deine Seele zu der Liste hinzufügen, je nachdem, an was du glaubst. Dabei musst du jedoch bedenken, dass auch deine Seele ein Werkzeug für dein Bewusstsein ist, sich zu erfahren. Sie wird zu einem Vehikel für dein Bewusstsein in der spirituellen Welt, ebenso wie es dein Körper in der materiellen/physischen Welt wird. (Für diejenigen, die mehr über dieses Thema erfahren möchten: (Ausführlicheres steht in meinen anderen Büchern).

Wir reden hier nicht über das Bewusstsein unserer Sinne. Obwohl manche medizinischen Begriffe es so beschreiben, spricht die medizinische Wissenschaft zunehmend von Bewusstsein jenseits der Sinne. Es wurden eine Menge Untersuchungen angestellt um herauszufinden, wie das Bewusstsein arbeitet: Warum können Menschen, die total narkotisiert sind, immer noch ihre Umgebung wahrnehmen, wieso hat jemand chronische Schmerzen, wenn kein offensichtlicher, physischer Grund vorliegt? Warum haben Gammastrahlen des Gehirns (die zu tun haben mit Uneigennützigkeit und den sogenannten höheren Tugenden) Frequenzen, die höher sind als eine neutrale Strahlung, die unser Gehirn also unmöglich produzieren kann?

Man unterscheidet zwischen dem Bewusstsein der Sinne und dem Bewusstsein, das wir sind, welches über die Sinne hinausgeht und nicht begrenzt ist auf unseren Körper. Das Bewusstsein, das wir sind, ist Energie, ebenso wie alles andere in der Welt. So ist es gemäß dem Wissen und der Weisheit der uralten Meister und gemäß der Quantenphysik – der präzisesten physikalischen Theorie, die nicht nur alles erklärt, angefangen vom Strahlen der Sterne und der Sonne bis hin zu der Erklärung, warum Gegenstände hart erscheinen, sondern uns auch alles gibt vom Computerchip über Transistoren bis hin zur Atombombe.

Als die Energie, das individuelle Bewusstsein, das du bist oder das HERZ – wie wir es in den Meisterlehren der Hoffnung nennen – bist du nicht nur einmalig, du bist auch wunderschön und unersetzlich. Die Schwingung deines HERZENS hat eine einmalige Frequenz. Diese Frequenz erhöht sich im gleichen Maße, wie du dich entwickelst. Denn während du dich entwickelst, dehnt sich dein Bewusstsein aus. Andererseits, wenn du dich nicht entwickelst, reduziert das Bewusstsein die Frequenz seiner Schwingung.

Hast du jemals die Redensart gehört, dass Menschen „auf einer Welle" sind? Ja, das ist es, was wir von Leuten sagen, die irgendwie „gleich" sind. Damit ist weder die physikalische, noch die emotionale, oder die intellektuelle Ebene gemeint. Wir bemerken, dass sie etwas gemeinsam haben, aber irgendwie kann man es nicht benennen, also reden wir von der „gleichen Welle". Und genauso ist es!

Wenn du eine Person auf einer tiefen Ebene betrachtest, siehst du ihr reines Herz, ihr wahres Sein, du erkennst ihre „Schwingungen" und du kannst dich in diese Person verlieben, wenn ihre „Schwingungen" dich anziehen. Es ist nicht wichtig, ob ihr so unterschiedlich seid wie Äpfel und Orangen auf jeder anderen Ebene. Geht es um deine „Schwingungen" auf der tiefsten Ebene, verliebst du dich nicht, wenn eure Frequenzen zu weit auseinanderliegen. Du kannst verknallt sein, aber du kannst nicht die Liebesenergie mit dieser Person teilen.

Oh nein, Liebe ist nicht blind.

Sie hat „Röntgenaugen" und sieht genau wer du bist.

Sie wird jenseits deines Charakters und deines Aussehens schauen. Sie wird erkennen, ob dein Verhalten, deine Emotionen oder irgendwelche deiner Muster der wahre Ausdruck dessen ist, wer du bist oder ob es nur unterbewusste Programmierung ist. Die Liebe wird dich um deinetwillen schätzen. Wenn du emotionale Wunden oder ins Unterbewusstsein eingegrabene Muster hast und Zeit für ihre Heilung brauchst, wird sie dich darin unterstützen. Wohl bemerkt bedeutet jemanden, den man liebt zu unterstützen nicht, dass man dafür sein eigenes Glücklich sein für ihn aufgibt. Sein eigenes Glück in irgendeiner Weise zu ruinieren hängt zusammen mit Verknallt sein oder Besessenheit, nicht mit wahrer Liebe. Wenn wir sagen, wahre Liebe schließt ein, nicht aus, bedeutet das auch, dass die wahre Liebe das Wohlbefinden beider beteiligten Personen fördert.

Das darf man nicht vergessen. Ebenso wichtig ist zu wissen, ob die Person, für die wir bereit sind, auch für uns bereit ist. Wie bekommen wir das heraus? Auf dem gleichen Wege, wie wir es über uns wissen: Wenn sie Freude darüber empfindet, dass wir da sind, wenn sie sich nicht übermäßig mit uns stresst oder gar besessen von uns ist, öffnet sie sich augenscheinlich, um die Liebesenergie mit uns zu teilen.

Wenn jemand streitsüchtig ist, Angst hat, sein Herz völlig zu öffnen, Intimität fürchtet, zu anhänglich ist oder zu distanziert, gar unangemessen eifersüchtig, dann ist es keine gute Idee, sich auf ihn einzulassen. Das Risiko ist zu groß. Ja klar, deine Unterstützung und Beschwichtigungen mögen helfen seine Wunden zu heilen. Wenn es aber zu viel zu heilen gibt, nimmt die Beziehung meistens eine schlechte Wendung und beide bleiben unglücklich zurück. Das Beste ist, sie kümmern sich zunächst um ihre eigene Heilung und versuchen zu erfahren, was sich in ihrem Unterbewusstsein angestaut hat. Nur so finden sie ihr eigenes Glück.

Es ist nicht leicht, sich für diesen Weg zu entscheiden, wenn man sich verliebt hat. Aber wahre Liebe ist weder naiv, noch blind. Sie sagt uns, wie wir vorgehen sollen, weil sie immer das Beste für alle Beteiligten will.

Wahre Liebe sagt uns, wann wir uns festlegen sollen und wann nicht. Sie rät uns nicht davonzulaufen, wenn es schwierig wird, aber sie lässt es nicht zu, dass wir unser Glück aufs Spiel setzen, wenn die Dinge außer Kontrolle geraten.

Wahre Liebe verhindert, dass wir in eine Beziehung „springen" in der Hoffnung, jemanden zu „retten", wenn die Zeichen überdeutlich sind, dass die Person, die wir vor uns haben, für die Liebe nicht bereit ist. Wenn wir wirklich jemanden lieben, sind wir geduldig und erlauben ihr auf sanfte und unterstützende Weise zu heilen. Wir halten uns vielleicht in ihrer Nähe auf, wenn wir das wollen, aber nur auf freundschaftliche Art. Wir lassen uns nicht ein mit einer Person, die nicht bereit ist für wahre Liebe.

Es gibt auch Situationen, in denen die Liebe uns dazu veranlasst zu machen, dass wir wegkommen. Ernsthaft! Manchmal ist das das Beste, was wir für die Person, in die wir uns verliebt haben, tun können. Unsere Gegenwart in ihrem Leben ist in keiner Weise hilfreich, nicht einmal als Freund. Sie übernehmen in unserer Anwesenheit keine volle Verantwortung für ihre eigene Heilung, also findet sie nicht wirklich statt. Außerdem können auch wir selbst unvorhersehbaren Schaden nehmen.

Wir sprechen hier von Menschen, deren Wunden so tief sind, dass sie nur heilen können, wenn man sie sich selbst überlässt. Es mag sein, dass sie eine unbewusste Angst vor dem Alleinsein haben und unsere Anwesenheit hindert sie daran, sich damit auseinanderzusetzen. Oder das Gegenteil ist der Fall. Sie fürchten unbewusst die Intimität, die Verpflichtung, eine Angst verletzt zu werden, etc. Unsere Gegenwart verschlimmert dieses Gefühl, anstatt ihnen die Möglichkeit zu lassen herauszufinden, wie sie damit umgehen sollen. Erinnerst du dich an den Taxifahrer, über den wir im vorigen Kapitel gesprochen haben? Vor einer solchen Person solltest du dich retten, selbst wenn du dich in ihr reines Herz verliebt hast. Personen dieser Art können sich der wahren Liebe nicht öffnen, weil sie sich zu fest vor einer anderen Möglichkeit verschlossen haben. Bevor sie sich nicht auf einer tiefen, unterbewussten Ebene geheilt haben, wird jeder Versuch, eine Beziehung einzugehen, im Desaster enden.

Das sichtbarste Zeichen für jemanden, der nicht bereit ist füe eine Beziehung, ist seine mangelnde Bereitschaft sich für die Liebe zu öffnen. Es kann sein, dass er gerade einen schmerzhaften Liebeskummer durchmacht oder etwas Ähnliches. Manche Menschen tragen tief in sich Ideen mit sich herum wie „Liebe bedeutet Schmerz", „Frauen haben kein Hirn", „Männern kann man nicht trauen", etc. Oder sie fühlen sich unzulänglich, wertlos, nicht würdig geliebt zu werden. Solche Menschen übernehmen selten die Verantwortung für ihre eigenen Gefühle. Entweder schieben sie ganz offen anderen die Schuld für ihre Haltung einer Beziehung gegenüber zu oder sie warten mit allen nur möglichen Entschuldigungen auf, warum jemand nicht der oder die Richtige für sie ist. Mit anderen Worten, es ist immer jemand anderes, dem dies oder das fehlt. Sie erzählen dir manchmal auch, sie seien zu beschäftigt in der Arbeit oder sind finanziell nicht in der Lage, eine neue Beziehung zu starten. Vielleicht meinen sie, es sei nicht die richtige Zeit für sie. Tatsächlich haben sie damit Recht und vielleicht kommt die richtige Zeit für sie auch nie.

Es kann ebenfalls sein, dass die Person, die nicht bereit ist für die Liebe, zu schnell eine Beziehung beginnt. Und natürlich wird sie kreuzunglücklich, wenn dann der erste Rausch vorbei ist. Diese Person hat die feste Vorstellung, mit jemandem liiert sein zu müssen, weil sie sonst nicht genug ist oder nach gesellschaftlichen Standards nicht normal. Vielleicht fürchtet sie sich auch unterschwellig vor dem Alleinsein und ist niemals glücklich, wenn sie mit sich allein ist. Sie weiß nicht, wer sie ist oder hat niemals akzeptiert, wer sie ist. Sie klammert, wird besitzergreifend, kontrolliert und ist unangemessen eifersüchtig (oft ist zu Beginn der Beziehung oder später Eifersucht mit im Spiel, was aber normal ist und im Unterschied zu unangemessener Eifersucht leicht zu erkennen). Diese Menschen ergehen sich in Phantasien, verfolgen die Person ihres Begehrens, kontrollieren oder manipulieren sie. Sie werden sogar richtig ärgerlich, wenn ihre Erwartungen nicht erfüllt werden. Ihr Eifer jemanden festzuhalten, ihre unzumutbare Eifersucht, der Besitzanspruch und der flammende Zorn sind offensichtliche Zeichen ihrer Labilität, vielleicht sogar einer schweren psychologischen Störung.

Wenn du dich auf eine solche Person einlässt, wird deine Liebe nicht helfen, sie zu heilen. Wenn du dich also in sie verliebst – denn alles ist möglich, wenn du ihr reines Herz siehst – solltest du wissen, wann du aussteigen musst. Erkennst du die Zeichen einer tiefen, emotionalen Wunde, wirst du dich nicht auf sie einlassen, es sei denn, auch du trägst Wunden dieser Art in dir, und deine eigenen Ängste haben dich blind gemacht. Auch darum, was in dir zerbrochen ist, müsstest du dich kümmern. Sonst wirst du immer unglücklich in deiner Beziehung sein und vielleicht niemals die wahre Liebe kennenlernen.

Nur weil wir jemanden lieben, heißt das nicht, dass wir uns von ihm unser Glücklich sein zerstören lassen.

Wenn wir jemanden lieben, finden wir heraus, was das Beste für ihn oder sie ist und gleichzeitig das, was für uns das Beste ist.

Wahre Liebe ist niemals blind. Sie hat „Röntgenaugen", mit denen sie das wahre Herz jenseits der Erscheinung und des Charakters erkennt.

Dann benutzt sie diese „Röntgenaugen", wenn es Zeit ist zu entscheiden, was als nächstes zu tun ist.

Als Patrick und ich uns verliebten, waren wir beide noch nicht ganz frei von unseren emotionalen Wunden und unbewussten Programmierungen. Wir hatten beide in der Vergangenheit Erfahrungen gemacht, die uns in bestimmter Weise beeinflussten, doch wir waren bereit, die Liebesenergie zu teilen und zu erkunden. Wir waren imstande über unsere Verletzungen zu reden, wir konnten über unsere Ängste sprechen und uns mit ihnen auseinandersetzen. Wir wollten beide die Verantwortung für unsere eigene Heilung übernehmen. Wir erwarteten nichts von dem

anderen, und wir wussten nicht, was als nächstes geschehen würde. Wir vertrauten einfach nur auf die Liebesenergie und empfanden Freude.

Freude ist unverwechselbar.

Du kannst sie nicht vortäuschen oder sie erzwingen.

Freude bedeutet zusammen zu sein. Freude ist die Entdeckung des anderen auf einer tiefen Ebene. Sich an dem Wunder zu erfreuen, wohin dich deine Beziehung führen wird.

Wenn du diese Art von Freude empfindest,

ist das ein Zeichen dafür, dass deine wahre Liebe beginnt.

GEHEIMNIS NUMMER 5

GIBT ES EINE MÖGLICHKEIT ZU ERFAHREN, OB DEINE BEZIEHUNG ERFOLGREICH IST ODER NICHT?

Äpfel mit Orangen sind möglich. Aber Äpfel und Orangen plus Elefanten – das geht nicht lange gut. Es kann passieren, dass die Elefanten sie sich einverleiben.

Was ist also ein Elefant im Raum?

Es gibt Leute, die den Wetterbericht geradezu religiös verfolgen. Und andere, die solche Nachrichten überhaupt nicht interessieren. Sie stecken einfach ihre Hand aus der Tür und entscheiden sich, ob sie einen Regenschirm brauchen oder nicht. Wieder andere schalten den Wetterkanal ein und schauen trotzdem in den Himmel, um eine Entscheidung zu treffen. Und dann sind da diejenigen, die überhaupt keinen Regenschirm benutzen, weil sie meinen, ein bisschen Regen habe noch niemandem geschadet.

Den Verlauf einer Beziehung vorherzusagen ist wie eine Wettervorhersage. Sie trifft nicht immer ganz zu. Ebenso wie das Wetter sich wegen irgendwelcher Faktoren verändern kann, passiert etwas derartiges auch, wenn deine Beziehung sich verändert, während du dich weiterentwickelst. Oder genauer gesagt, sie entwickelt sich zusammen mit euch beiden.

Es gibt also keine wirkliche Möglichkeit, sicher zu wissen, wohin das Ganze dich führt. Wir können jedoch so wie bei dem Wetter eine Übersicht über die möglichen Tendenzen erstellen. Man kann Vermutungen anstellen, wenn man etwas mehr über die gegenseitige Verträglichkeit erfahren hat: Die Persönlichkeit, den Hintergrund, die Ansichten, die vergangenen, romantischen Erfahrungen, die möglichen emotionalen Wunden oder die unbewusste Programmierung, etc. Ja, das könnte einiges darüber aussagen, was im Laufe der Beziehung so an die Oberfläche kommen könnte.

Es ist natürlich um einiges leichter für zwei Menschen miteinander auszukommen und sich gegenseitig zu schätzen, wenn es viele Gemeinsamkeiten zwischen ihnen gibt. Möglicherweise haben die zwei mehr Spaß aneinander, wenn sie die gleichen Dinge mögen, angefangen bei der Lieblingsmusik, den Filmen, Büchern, Essen, auch Sportarten bis hin zum Urlaubsort oder dem Ort, wo sie leben möchten.

Es ist aber andererseits nicht nötig eine zu hohe Trefferquote in Sachen Gemeinsamkeiten zu haben. Die gute Nachricht ist, dass man an vielen Dingen arbeiten kann. Du kannst durchaus eine glückliche Beziehung haben, auch wenn die Geschmäcker verschieden sind. Solange du nicht auf deinem Standpunkt bestehst und ihr die Vorlieben gegenseitig respektierst. Kompromisse sind immer möglich. Es ist möglich, dass du mit einem Mittelweg einverstanden bist, wenn es etwas zu entscheiden gilt, und ihr euch bei der Wahl von anderem abwechselt. Das Wichtigste ist, offen für alles zu bleiben. Du vermeidest größere Probleme, wenn du an dem festhältst, wofür du dich entschieden hast. Außerdem kann es durchaus interessant sein, Neues auszuprobieren.

Deine Verträglichkeit ist etwas, das du verbessern, ja, sogar neu erfinden kannst.

Es ist aber dennoch nicht sicher, dass damit deine Beziehung ganz fabelhaft wird. Es gibt Leute, die halten das für das Allerwichtigste. Aber wenn du dich vorsichtig umschaust, wirst du feststellen, dass Kompatibilität keineswegs das ist, was Beziehungen zusammenhält. Liebe ist es. Es gibt viele glückliche Äpfel und Orangen, die sich lieben, wertschätzen und unterstützen – trotz ihrer Gegensätze. Manchmal machen diese Gegensätze ihre Beziehung spannend für sie, denn je mehr sie von der Welt des anderen lernen, desto mehr genießen sie es gemeinsam zu wachsen, während sie neue Dinge entdecken.

Verfalle nicht dem Irrtum, Kompatibilität für das Supermittel für eine gute Beziehung zu halten. Sie ist es nicht. Von dir hängt es ab,

welche Beziehung du haben wirst.

Höchst verträgliche Menschen bleiben nicht automatisch zusammen. Das ist ein Mythos. Jede Scheidungsstatistik gibt dir darüber Auskunft. Du verschwendest vielleicht sogar deine Zeit, wenn du versuchst, die Standards einiger Verträglichkeitstests oder ähnlicher „Werkzeuge" zu erfüllen. Es gibt andere Faktoren, die eine viel bedeutendere Rolle beim Erfolg oder Misserfolg einer Beziehung spielen. Auch Gemeinsamkeiten, die dir dazu verhelfen, deine Beziehung zu genießen, garantieren dir nicht immer eine glückliche Beziehung voller Liebe. Wenn du jemanden liebst, liebst du ihn nicht, weil er wie du ein Apfel ist. Du liebst ihn, ob er nun ein Apfel oder eine Orange ist. So ist das! Liebe hat nichts mit Wählen zu tun. Bei Liebe dreht es sich um Genießen und Akzeptieren.

Anerkennung/Akzeptanz ist der zweite Aspekt wahrer Liebe, und davon wird in diesem Buch noch öfters die Rede sein, ebenso wie von anderen Aspekten der Liebe.

Über eins musst du dir jedoch im Klaren sein. So wie der Wetterbericht dich vor eventuellen Hurrikanen oder Schneestürmen warnt, so gibt es ein paar Anzeichen, die dich auf einen möglichen „Vertragsbrecher", einen Elefanten aufmerksam machen können, auf den du achten musst, wenn du dich auf eine Beziehung einlässt.

Was kann also ein solcher Elefant sein?

Es ist besser danach Ausschau zu halten, als ihn in der Hoffnung zu ignorieren, dass die Liebe schon alles irgendwie richten wird.

Liebe ist nicht dazu da, deine Probleme zu lösen, erinnerst du dich? So funktioniert sie nämlich nicht. Liebe kann dir in jeder Weise helfen zu wachsen. Darauf kannst du zählen. Der Rest hängt von dir ab.

Um herauszufinden, um welche Art Elefant es sich handelt, musst du dir ein paar wichtige Fragen stellen. Lass uns mit den offensichtlichsten beginnen: Welcher Art soll die Beziehung sein, die du mit der Person anstrebst, die du liebst – ausschließlich oder nicht unbedingt ausschließlich? Willst du eine traditionelle Ehe oder eher eine offene? Willst du ein Zusammenleben in einer Wohnung oder eher getrennte Standorte? Wie steht es mit den Finanzen? Bevorzugst du ein gemeinsames Konto oder getrennte Konten? Und wie denkst du über Kinder?

Die Liste kann beliebig verlängert werden, weil es vielerlei Arten von Übereinkünften gibt, auf die sich Paare einigen. Es ist jedoch wichtig, dass beide Parteien sich bei der Entscheidung selber treu bleiben. Wenn einer der beiden sich mit etwas einverstanden erklärt, ohne genügend darüber nachgedacht zu haben, einfach nur, weil er den anderen nicht verlieren will, kann das durchaus nach hinten losgehen.

Wenn du beispielsweise Exklusivität auf sexuellem Gebiet bevorzugst, aber einer offenen Beziehung zugestimmt hast, wirst du früher oder später nicht einverstanden sein mit der lockeren Haltung des anderen auf diesem Gebiet. Willst du dir einen traditionellen gemeinsamen Haushalt aufbauen, ihr aber in verschiedenen Wohnungen wohnt, macht dich das eines Tages nicht mehr besonders glücklich.

Wenn du Kinder liebst, die andere Person sich aber keine Kinder in seinem Leben vorstellen kann oder will, wirst du vielleicht um eine wichtige Erfahrung gebracht, es kann sogar passieren, dass du den anderen unbewusst oder ganz offen dafür verantwortlich machst. Du willst alles in einer Beziehung teilen, aber der andere besteht auf getrennte Finanzen. Das fühlt sich für dich an wie Misstrauen oder als ob ihr gar nicht richtig zusammen wäret. Du bist der Typ, der sparsam ist, für die Zukunft plant und sorgfältig mit dem vorhandenen Geld umgeht, der andere aber ist ein leichtsinniger Spender– eines schönen Tages wird euch das beiden zu viel.

Wie du also sehen kannst, gibt es selbst in einem frühen Stadium der Beziehung Dinge, die angesprochen werden sollten. Wir müssen herausfinden, ob der Elefant etwas ist, womit wir umgehen können oder nicht. Natürlich kann sich deine Sicht auf die Dinge, die du in einer Beziehung brauchst, verändern, ebenso wie die des Partners/der Partnerin. Oder du riskierst es, die Dinge so zu nehmen, wie sie sind. Das liegt ganz in deiner Hand. Aber es ist wichtig, dass du den Elefanten kennst. Du musst ihn dir bewusst machen und mit ihm umgehen können. Andernfalls wird er vielleicht irgendwann schlimmer, als du ertragen kannst. Dieser Elefant wird deiner Beziehung schaden und deiner Liebe nicht erlauben zu wachsen. Du musst rechtzeitig entscheiden, was zu tun ist, bevor es zu spät ist. Es ist eine weit schwerwiegendere Entscheidung als die, ob du deinen Schirm zu Hause lässt, weil es vielleicht regnen wird. Wenn du dir anschauen willst, was schiefgehen kann in deiner Beziehung, ist es so, als würdest du sagen: „Ist mir egal, ob man mich vor einem Tornado warnt. Ich lasse die Fenster offen und hoffe auf das Beste". Mit anderen Worten: Wenn du das Offensichtliche nicht sehen willst, heißt du die Katastrophe willkommen.

Du kannst mit allem umgehen, wenn du darauf vorbereitet bist.

Du musst dir darüber im Klaren sein, was geschehen kann und eine bewusste Entscheidung darüber treffen, ob du bereit bist, damit umzugehen oder nicht.

In unserer eigenen Beziehung mussten Patrik und ich anerkennen, dass der Elefant unser Altersunterschied war. Wir konnten diese Tatsache nicht einfach beiseite schieben und uns in unserer romantischen Vorstellung von einem ewig währenden, glücklichen Leben verlieren.

Wir mussten uns unsere möglichen, inneren Befürchtungen ganz genau anschauen. Patrik musste sich die Tatsache bewusst machen, dass das Leben als sehr viel jüngerer Mann ihn in einer Beziehung mit einer reifen Frau zu Unsicherheiten über ihn selbst führen kann. Dass er sich vielleicht unzulänglich fühlen wird an der Seite von jemandem, der ziemlich erfolgreich ist und über eine Menge Lebenserfahrung verfügt. Er musste darauf vorbereitet sein, dass es vielleicht Menschen geben wird, die ihn als mein Spielzeug wahrnehmen oder als jemanden, der sein Leben nicht selbst auf die Reihe bekommt und sich „an einem Rock festhalten" muss.

Ich dagegen musste mir anschauen, wie es sich eventuell anfühlen würde, als ältere Frau mit einem atemberaubend schönen, jungen Mann verheiratet zu sein, der obendrein auch noch super klug ist. Würde ich befürchten, dass er mich für eine attraktive Frau in seinem Alter verlässt und ich so unsere Beziehung nicht wirklich genießen kann? Würde ich mich ihm gegenüber mehr wie eine Mutter als wie eine Geliebte fühlen? Würde ich genügend Selbstvertrauen und Akzeptanz zu meinem Körper haben, wenn die Zeit fortschreitet und ihre Spuren hinterlässt? Und – am allerwichtigsten – wäre es möglich für eine ehrgeizige und versierte Frau, die ich bin, mich wirklich in einer Beziehung mit einem jungen Mann wohl zu fühlen, der noch erreichen muss, was immer es ist, das er erreichen will in seinem eigenen Leben?

Und zu all dem oben Beschriebenen – würden wir stark genug bleiben, wenn manche Menschen unsere Beziehung nicht gutheißen, ja versuchen, sie mit ihren garstigen Bemerkungen zu vergiften? Wie würde uns das berühren? Würde ihre Negativität in unsere Köpfe eindringen und unsere Freude aneinander zerstören? Das waren die Fragen, die wir tief in uns stellen mussten, als wir einander begegneten.

Wir alle wissen, dass es keine Garantien in Leben gibt. Das einzige, was jemals sicher sein kann, ist, dass unser Glück einzig davon abhängt, wie wir uns und unser Leben wahrnehmen.

Wenn wir versuchen unser Glück auf etwas anderem als dieser Wahrnehmung aufzubauen, werden wir wirklich enttäuscht werden.

Vielleicht war unser Elefant in deinen Augen gar nicht so schrecklich groß. Vielleicht war er für dich überhaupt nicht der Rede wert, was von der Art deines Hintergrunds und deinen Ansichten abhängt. Aber nach unserer Auffassung hätte unsere Beziehung zerstört werden können, wenn wir uns nicht mit all diesen Fragen auseinandergesetzt hätten. Wir mussten uns ihnen stellen, akzeptieren, dass es sie gab, um dann zu entscheiden, ob wir ein Zusammensein riskieren wollten.

Erst als genügend Zeit verstrichen war, also nach mehreren Jahren, die auf unsere Heirat folgten, waren wir in der Lage wirklich zu sagen, dass wir die richtige Wahl getroffen hatten. Unsere Liebe wächst von Tag zu Tag.

Wenn jemand zufällig von unserem Altersunterschied spricht, berührt es uns nicht negativ. Entweder wir reagieren überhaupt nicht oder wir lachen darüber. Manchmal haben wir sogar unseren Spaß dabei. Wir haben nicht mehr das Bedürfnis, irgendetwas zu erklären, obwohl wir Verständnis dafür haben, dass es manche Menschen erstaunt, wenn sie erfahren, wie groß der Unterschied ist. Wir genießen es sogar, weil es beweist, dass er in vieler Hinsicht bereichernd ist. Wir haben so viel über uns selbst gelernt und konnten miteinander viele innere Wunden heilen. Außerdem bekommen wir von Menschen, von denen wir es niemals erwartet hätten, Lob und Anerkennung. Es scheint, dass unser Glücklich sein anderen Leuten Mut macht und sie motiviert, wirkliche Liebe in ihr Leben einzulassen. Das zu entdecken war eine angenehme Überraschung. Aber wir hätten es nicht vorhersagen können. Kurz: Es hätte schwierig werden können, auf was wir uns da eingelassen haben. Aber wir waren vorbereitet. Unser Elefant verflüchtigte sich auf eine blühende Wiese, wo er glücklich und zufrieden grasen kann. Es ist uns nichts passiert. Es hätte aber auch schief gehen können, nicht wahr?

Wenn es etwas gibt, das sich zu einem wahren Problem auswachsen kann, und du schaust einfach nicht hin in der Hoffnung, dass es sich irgendwie regelt, wirst du feststellen müssen, es löst sich nicht von selber auf.

Du musst Verantwortung für deine Beziehung übernehmen, ebenso wie du Verantwortung für dein eigenes Glück übernimmst. Erinnere dich: Was aussieht wie keine große Sache, dieses kurzzeitige Liebesabenteuer beispielsweise, kann sich in einer Langzeitbeziehung zu einer Katastrophe auswachsen.

Ein aufrichtiger und reifer Blick auf deine Beziehung ist ein Zeichen dafür, dass du bereit bist für wahre Liebe.

Der Elefant im Raum kann alle möglichen Formen haben. Es ist vielleicht eine Überraschung für dich, aber viele Beziehungen gehen zu Bruch aus Mangel an gegenseitiger Unterstützung in guten Zeiten. Man hält eher das Gegenteil für möglich, denn logischerweise sind schlimme Perioden ohne die angemessene Hilfe des Partners oder der Partnerin schwer zu ertragen. Aber offensichtlich wollen viele raus aus ihrer Ehe/Beziehung, weil der Partner/die Partnerin sich nicht für sie freuen oder Momente des Triumphes für sie mitfeiern kann.

Bist du also wirklich begeistert von der Person, die du vor dir hast? Ist es dir wichtig, dass sie sich entwickelt? Ist sie auch daran interessiert, wer du bist und unterstützt sie, was dir wichtig ist? Denkst du wirklich, dass der andere sich freut, wenn du deine Träume erfüllst und umgekehrt? Mein alter Freund Richard sagt, in einer Beziehung sei es wichtiger interessiert zu sein als interessant. Und was denkst du? Kann für dich die in sich „Selbst-Versunkenheit" von jemandem zu einem Elefanten für dich werden? Und wenn ja, was willst du dagegen tun?

Etwas anderes kann auch zu einem wirklichen Problem werden, – die finanziellen Ziele, wie schon erwähnt. Wenn einer von beiden das Geld auszugeben liebt und der andere ein wahrer Pfennigfuchser ist, wird dein Elefant bald heftig trompeten und trampeln. Da gibt es keine Frage. Es ist ein Riesenfehler zu glauben, dass man in dem Fall auf einen gemeinsamen Nenner kommt. Für keinen von beiden ist es leicht nachzugeben. Es ist nicht unmöglich. Man muss aber schnellstens darüber reden und zu einer Einigung gelangen, an die sich dann beide Teile strikt halten müssen. Finanzen sind für jeden von uns wichtig. Das System, in dem wir leben, hat bewirkt, dass Geld nicht nur ein Werkzeug zum Überleben geworden ist, sondern es ist auch Teil unserer Identität. Viele Menschen verbinden ihren eigenen Wert mit dem Status ihrer Finanzen. Diese Tatsache darf man nicht auf die leichte Schulter nehmen. Wenn nicht beide Partner ein unbekümmertes Verhältnis dazu haben, was auf ihrem Konto ist und was nicht, können diese offensichtlichen Unterschiede zu einem sehr großen Hindernis in einer Beziehung werden.

Als nächstes erfordert unsere ganze Aufmerksamkeit, wie die beiden Partner über Sex und Intimität denken. Ich sprach früher in diesem Kapitel davon, dass es sehr verschiedene Auffassungen auf diesem Gebiet gibt. Keiner kann für dich sprechen. Du bist der einzige Mensch, der weiß, welche intime Beziehung die beste für dich ist. Nur du weißt, was für dich funktioniert und wie du dir dein Leben vorstellst. Egal, ob du oder dein Partner heterosexuell, homosexuell oder bi-sexuell orientiert ist, wir alle wollen uns in unseren intimsten Momenten gut fühlen. Wenn die Art, wie ihr im Bett zusammen seid, euch nicht behagt, wird eure anfängliche Begeisterung für einander bald erlöschen.

**Wenn wir intim werden, sind wir am verwundbarsten.
Wir fühlen uns nicht gut (oder sicher) mit etwas,
das gegen das geht, was wir sind.**

Wir sind vielleicht bereit Neues auszuprobieren und zu experimentieren. Viele Leute tun das. Aber wenn das, was wir erleben, nicht mit dem im Einklang ist, was wir tief in uns fühlen, werden wir nicht imstande sein, uns „einfach daran zu gewöhnen" oder gar zu vergessen, was wir eigentlich ersehnen. Wir alle wollen uns bei dem, was wir in der Intimität erleben, treu bleiben. Wir wollen uns dem, den wir lieben, öffnen und uns freigiebig mit ihm teilen. In der Lage zu sein, den anderen und uns selbst in einer solchen Verwundbarkeit zu erleben, ist das schönste Geschenk, das Intimität und Sex uns geben kann. Das aber ist nur in einer liebevollen, sicheren und wahrhaft akzeptierten Atmosphäre möglich. Deshalb ist es so wichtig, dass wir aufrichtig bleiben in dem, was wir uns wünschen, wenn wir eine solche Atmosphäre mit unserem Partner / unserer Partnerin schaffen wollen.

Mein Mann kannte ein Paar, das sich entschloss, eine offene Beziehung zu führen. Während aber einer der beiden öffentlich zugab, welcher Art ihre Beziehung ist, leugnete der andere seine Beteiligung, gab manchmal sogar vor Single zu sein. Es sah so aus, als suche diese Person ein größeres, sexuelles Betätigungsfeld, da sich ja bekanntlich nicht jeder auf jemanden einlässt, der in einer festen Beziehung ist. Sie betrogen damit nicht nur ihre potentiellen, sexuellen Partner, sondern waren auch nicht fair zu der Person, die sie zu lieben vorgaben. Ich urteile nicht über die Art ihrer Beziehung. Das ist nicht meine Aufgabe. Aber in einer offenen Beziehung zu sein ist das eine, ein Geheimnis daraus zu machen und damit andere zu betrügen, ist eine ganz andere Geschichte.

Vielleicht hat das Paar, über das wir hier reden, nicht bis ins einzelne besprochen, wie ihre Beziehung aussehen soll. Es kann sein, dass das gar nicht zur Sprache kam. Ihr Elefant jedenfalls wurde im Laufe der Zeit größer und größer. Das geschieht mit Elefanten. Jetzt war es zu spät sich darum zu kümmern, weil alles Vorhandene bereits zertrampelt worden war.

Wenn es um Intimität und Sex geht, müssen unsere Vorlieben klar auf den Tisch und besprochen werden.
Wenn du eine gute Beziehung haben willst,
musst du in der Lage sein, über solche Dinge zu sprechen.

Du kannst es nicht dem Zufall überlassen. Du kannst auch nicht darauf bauen, dass der andere deine Gedanken liest oder seine Ansichten sich in deine verwandeln, obwohl es vielleicht Dinge gibt, die du genießt oder akzeptieren kannst. Da gibt es aber vielleicht auch etwas, womit du nicht einverstanden bist. Wenn etwas nicht dein Ding ist, dann funktioniert es auch nicht für dich (wir werden später noch über Intimität und Sex sprechen).

Wenn wir eine Langzeitbeziehung anstreben, müssen wir uns als nächstes versichern, dass der spirituelle und religiöse Hintergrund der beiden (oder das nicht Vorhanden sein) kompatibel sind. Wenn nicht, ist es möglich, das zu überwinden? Ebenso wie Sex/Intimität uns in die Tiefen unseres Seins führen kann, so berührt unser spiritueller Glaube unseren Kern. Natürlich ist das nicht wichtig, wenn wir nicht besonders ernsthaft auf diesem Gebiet unterwegs sind. Wenn wir aber tief spirituell oder religiös sind oder wenn wir besonders strenge Atheisten sind und der zukünftige Partner das völlig anders sieht, kann es passieren, dass die beiden zu keinem befriedigenden Kompromiss kommen. Früher oder später sind beide verärgert oder noch schlimmer, respektlos gegenüber den Überzeugungen des anderen. Die Diskussionen können in hasserfüllte Argumente und Kämpfe ausarten. Wir dürfen nicht vergessen, dass wir uns oft mit unseren Überzeugungen identifizieren. Wenn jemand sie nicht achtet, verletzt uns das, weil es uns ganz persönlich trifft.

Jede Art von Unterschied kann geklärt werden.
Aber beide Parteien müssen bereit sein, die Ansichten des anderen zu respektieren.

Es ist nicht einfach, und es funktioniert nicht immer. Wenn du bereit bist das Risiko einzugehen, sprich die Angelegenheit frühzeitig an, und dann halte dich an das, wofür du dich entschieden hast. Anderenfalls wird dein Elefant dich im Galopp einholen und seinen Tribut verlangen.

Übrigens gilt das gleiche für politische Überzeugungen. Meine Familien sind wegen solcher Unterschiede entzweit. Ebenso, wie bei spirituellen Überzeugungen, werden politische Meinungen dadurch bestimmt, wie Menschen sich in der Welt, in der sie leben, wahrnehmen. Politische Diskussionen können in Riesenstreitigkeiten ausarten. Sie können viel Ärger und sogar Hass in den Menschen heraufbeschwören, weil sie an das rühren, was sie wirklich innerlich stört. Achte auf politische Unterschiede in eurem Denken und beobachte, ob sie das Gefühl füreinander beeinflussen könnten.

Und was ist mit dem persönlichen Hintergrund? Wenn du aus einer anderen Kultur kommst oder zu einer anderen Rasse gehörst, glaubst du, dass dir das schaden wird oder eher Schönheit zu deiner Beziehung hinzufügt? Denn auch das kann in beide Richtungen laufen.

Zu den verbreitetsten Problemen gehören Unterschiede im Lifestyle, Kommunikationsschwierigkeiten, verschiedene Ansichten über Romantik, Pünktlichkeit oder der Mangel daran, Reinlichkeit versus

Schmuddeligkeit, Unterschiede, was unter Loyalität zu verstehen ist, verschiedene Arten von Abhängigkeiten, ungelöste, unterbewusste Ängste, negative unterbewusste Programmierungen oder nicht geheilte, emotionale Wunden. Wir werden einige dieser Themen detaillierter im Kapitel 8 behandeln. Das Kapitel heißt „Zerstörer von Beziehungen: Sieben Gespenster der Vergangenheit".

Das alles sind wichtige Dinge, die man sich ansehen muss.

Eine Faustregel ist: Wenn es etwas gibt, das eventuell deiner glücklichen Beziehung im Wege steht, scheu dich nicht, es dir anzusehen.

Wir dürfen nicht vergessen, dass Liebe nicht blind ist. Wenn es sich um deinen eigenen Müll handelt, ist es in deinem eigenen Interesse aufzuräumen, bevor du den nächsten Schritt tust. Ist es der Dreck von jemandem anderen, versichere dich, dass er willens und bereit ist, sich darum zu kümmern, je eher desto besser.

Fürchte dich nicht zu lieben, aber behalte dein eigenes Glück im Auge.

Im Laufe deiner Beziehung wirst du mehr und mehr erfahren, wer du wirklich bist. In einer Beziehung zu sein erlaubt dir mehr über dich zu erfahren, als wenn du auf dich gestellt bist.

Meinst du, es hilft dir herauszufinden, worum es im Leben eigentlich geht? Zu erfahren, was wirklich wichtig für dich ist und was nicht? Was du loslassen kannst und an was du um jeden Preis festhalten musst?

GEHEIMNIS NUMMER 6

ROMANTIK

SPONTAN, DESIGNED

ODER DURCHDACHT?

Wer könnte für dich der Gewinner sein und warum?

Du hast wahrscheinlich bemerkt, dass ich das Wort „Übereinkunft" oder „Arrangement" in dem vorangegangenen Kapitel häufiger verwendet habe und du fragst dich, was „Übereinkunft" mit Liebe oder Romantik zu tun hat? Vielleicht dachtest du: „Sollte Liebe und besonders Romantik nicht etwas Spontanes sein, geboren aus dem „Feuer unserer Herzen" und nicht analysiert von unserer Vernunft?"

Wenn wir also glauben, dass Romantik einfach bloß eine spontane Angelegenheit ist, kann das der Grund dafür sein, wieso unsere vorherigen Beziehungen oder die derzeitige nicht funktioniert haben. Romantik ist überaus wichtig in einer Beziehung und sollte nicht als eine vorübergehende Laune angesehen werden. Wenn wir sie unseren Stimmungen überlassen und uns einbilden, sie trete ein, immer wenn wir nach ihr verlangen, liegen wir ganz falsch. Sie erscheint nicht aus dem Nichts und befällt unseren Partner keineswegs, bloß weil wir süß und knuddelig sind – wie unser Lieblingshund vielleicht.

Wäre das der Fall, warum würden sich dann so viele Menschen über den Mangel an Romantik beschweren oder darüber, dass sie gar nicht glücklich sind mit der Art, wie sie von ihrem Partner verführt werden?

Es gäbe auch nicht so viele Liebesromane, Gedichte, Lieder, Kunstwerke, die uns seufzen lassen vor lauter Sehnsucht, dass sich auch in unserem eigenen Leben etwas Besonderes ereignen möge. Es existierten auch keine Geschichten in Büchern, auf YouTube oder anderen sozialen Netzwerken, die uns zu Tränen rühren, weil jemand seiner Partnerin oder auch seinem Partner so wunderschön einen Heiratsantrag macht, ihm oder ihr ein zauberhaftes Geschenk zum Valentinstag überreicht oder seine Liebe erklärt. Wohlgemerkt ist die beste, romantische Liebesliteratur, Gedichte, Musik und Malerei sorgfältig durchdacht und arrangiert. Nichts davon wurde dem Zufall überlassen – alles ist perfekt für denjenigen in Szene gesetzt, der damit angesprochen werden soll. Und genau das ist der Punkt: Wenn jemand verführt werden soll, dann möchten wir, dass das Erlebnis für ihn perfekt ist, es sei denn, uns ist nicht klar, wie wichtig Romantik ist.

Romantik ist wie das Liebeswerben, letztlich wie ein Liebesakt.

Das Ziel eines romantischen Augenblicks ist es, die Phantasie anzuregen. Während jedoch Dinge in deiner Vorstellung geschehen, reagiert unser Körper genauso, wie er auf sexuelle Freude reagieren würde: Erregung, noch mehr Erregung, Erlösung und Befriedigung. Nicht nur der Liebesakt, auch die romantischen Momente bringen uns physisch zum „Schmelzen".

Romanik würzt unsere Beziehung, macht sie vergnüglich und aufregend. Und sie ist gut für die Gesundheit. Es gibt zahllose Studien über den Effekt von Romantik auf unser Gehirn und unser Wohlbefinden. Sie zeigen, dass unser Körper in der Gegenwart einer geliebten Person Hormone wie Oxytocin und Dopamin freisetzt, die ein Gefühl von Vertrauen, Freude und Belohnung erzeugen. Wissenschaftler glauben auch, dass der romantische Umgang mit unserem Partner den Blutdruck senkt, unser Herz beruhigt und uns vor Stress schützt. Also lasst uns schmusen, kuscheln und gesund werden!

Romantik ist verflüssigte Freude, serviert auf einem silbernen Tablett. Sie ist auch ein mächtiges Werkzeug. Wir können mit dem richtigen romantischen Einfall den ganzen Kampf um das Herz dessen gewinnen, der es uns angetan hat.

So, und nun kommen wir zu dem anderen wichtigen Werkstoff: Ich sagte gerade „der richtige, romantische Einfall", nicht wahr? Ja. Es ist genau wie beim Sex. Auch bei der Romantik kommt es ganz auf die Person an, für die die ganze Aktion gedacht ist. Für die gebildete, weltkluge Person sind die meisterlich in Szene gesetzten romantischen Einfälle nicht einfach nur spontan. Sie sind sorgfältig ausgewählt, bevor sie dann spontan daherkommen.

„Ich mag die Art, wie du mich küsst" oder „Berühr mich nicht so, das fühlt sich nicht gut an" – das sind so die gängigen Aussagen von Menschen, die ihre Lover über ihre Empfindlichkeiten oder Vorlieben in Kenntnis setzen wollen, wenn es zu körperlicher Berührung kommt. Manche Menschen lieben es zu kuscheln, während andere sich bei Umarmungen gar nicht wohlfühlen. Wir lernen schnell, was was ist. Entweder sagt uns unser Liebhaber/unsere Liebhaberin, was er/sie gern hat oder nicht, oder wir spüren es aufgrund seiner/ihrer Reaktion. Wir wollen doch wissen, wie sich der Gegenstand unserer Liebe in unseren Armen fühlt, es sei denn, wir interessieren uns nicht für solche Dinge.

Aber lassen wir den zarteren Dingen in unseren Interaktionen genügend Aufmerksamkeit zukommen, den Dingen, die unsere Beziehung wahrhaft romantisch und aufregend zu machen? Wissen wir, welche Worte der Liebe unser Geliebter gerne hört? Wie in ihre Augen schauen, so dass es genau richtig ist und für sie nicht peinlich wirkt? Welche Farben, Gerüche, welcher visuelle oder musikalische Hintergrund wäre für sie oder ihn genau das Richtige? Denken wir darüber nach oder richten wir uns einfach nach dem, was für uns selbst attraktiv und vergnüglich ist? Oder geben wir uns mit dem Klischee zufrieden, das seit Jahren das gängigste ist und denken, damit können wir nicht falsch liegen?

Am Valentinstag: ein Schokolädchen und rote Rosen. Am ersten Hochzeitstag: Rosen und ein hübscher Ring. Und so weiter. Ja, vielleicht liegen wir damit nicht falsch. Aber kann es wirklich richtig sein, wenn wir uns langjähriger, überstrapazierter Rezepte in Sachen Romantik bedienen? Das ist ohne große Bemühungen in Szene gesetzte Gedankenlosigkeit, die möglicherweise sogar wirkt. Aber ist die Wirkung außergewöhnlich?

Es gibt heutzutage wenig Erziehung auf dem Gebiet der Liebe. Es gibt Anleitungen über das Dating; es gibt Hinweise und Test, die uns über die gegenseitige Kompatibilität aufklären und es existieren Studien über Scheidungsraten. Aber gibt es genügend Information darüber, wie man sein Herz der Liebe öffnet, wie man sie teilt und feiert? Hm. Vielleicht, wenn du in der Spiritualität danach suchst, kannst du auf Tipps über die universelle Liebe stoßen. Geht es aber um die Liebe in einer Beziehung, suchst du vergebens nach adäquaten Modellen, es sei denn du hast dein eigenes goldenes Rezept gefunden.

Es ist durchaus möglich, dass der Ursprung dieses Mangels in der Geschichte der Ehe in der westlichen Zivilisation liegt. Schon bei den alten Griechen galt die gesetzliche Vereinigung zweier Menschen als grundlegende, soziale Institution. Während Männer verheiratet sein mussten, wenn sie für gewisse wichtige, öffentliche Ämter in Frage kommen wollten, wurden Frauen eine untergeordnete Rolle zugewiesen, die sie ans Haus band. Sie sollten für ihre Ehemänner Kinder „produzieren" und sich um den Haushalt kümmern. Das war ihre vorrangige Funktion. Die Ehe wurde als praktische Angelegenheit wahrgenommen, und Männer wandten sich oft an Prostituierte oder hielten sich eine Konkubine, um ihre erotischen und romantischen Bedürfnisse zu befriedigen. Der berühmte Redner Demosthenes erklärte: „Wir haben Prostituierte für unseren Spaß, Konkubinen für unsere

Gesundheit und Ehefrauen, um unsere gesetzlichen Nachkommen hervorzubringen".

Es änderte sich nicht viel das Mittelalter hindurch, und für den größeren Teil der Bevölkerung war die Ehe eine praktische und ökonomische Frage, in der kaum Platz war für romantische Liebe. Der gesetzliche Status besserte sich im Laufe der Zeit in einigen Ländern leicht an, in anderen aber blieb er eher auf untergeordnetem Niveau.

Unsere westliche Kultur hat nicht wirklich eine Tradition oder ein kultiviertes Wissen in Bezug auf Liebe und Romantik entwickelt. Es gab zwar die berühmten Troubadoure mit ihren mittelalterlichen, romantischen, poetischen Liedern, doch Troubadoure waren Komponisten und Performer. Ihre Dichtkunst handelte hauptsächlich von ritterlichen Tugenden und höfischer Minne, die ursprünglich eine literarische Dichtung war und zur Unterhaltung des Adels und ihrer Förderer diente. Die meisten Texte der Troubadoure waren wunderschön und bezaubernd, dennoch waren sie eher intellektuell und metaphysisch angelegt (viele waren humorvoll und manchmal sogar vulgäre Satiren).

Warum spreche ich also über Romantik in diesem Buch, wenn Liebe eine Energie ist, die uns allen innewohnt, während Romantik gewöhnlich mit verblendeter Verliebtheit in Verbindung gebracht wird, die uns den Atem nimmt?

Überraschung, Überraschung! Wahre und durchdachte Romantik in einer liebevollen Beziehung steht in enger Verbindung mit einem der Aspekte der Universellen Liebe. Die Liebe mit jemandem teilen bedeutet alle ihre Aspekte zu erfahren.

Wenn du dich erinnerst, sprachen wir an anderer Stelle schon über die Freude. Und aus der Freude entspringt Akzeptanz, die der zweite Aspekt der Universellen Liebe ist. Akzeptanz hat einen enormen Einfluss darauf, wie wir unseren Partner wertschätzen wollen und so regt sie uns dazu an, uns mit der Romantik zu beschäftigen. Lass mich dir erklären, wie das funktioniert:

Wenn du den geliebten Menschen deiner Wahl auf einer tieferen Ebene vollkommen akzeptierst und bewunderst, möchtest du, dass deine Zuneigung seinen Kern berührt. Du scheust keine Anstrengung, weil du wirklich deine Bewunderung für seine innere Schönheit zum Ausdruck bringen willst. Du findest vorsichtig heraus, was ihm wichtig ist, lässt ihn wissen, dass du seine Einzigartigkeit anerkennst, ehrst ihn und erfreust dich an ihm so, wie er ist. Wenige von uns haben je auf diese Weise über Romantik nachgedacht. Wir neigen dazu, den sicheren und probaten Weg zu gehen (rote Rosen etc.) oder wir holen uns Anregungen in romantischen Filmen oder Romanen. Daran ist nichts falsch. Im Gegenteil, Anregungen sind hilfreich, wenn wir nicht zu den Kreativen zählen. Aber wenn wir gängige Rezepte wählen, ohne das zu berücksichtigen, was unser Partner/unsere Partnerin bevorzugt, tun wir nicht unser Bestes. Wir strengen uns nicht genügend an, was so viel heißt wie: Es ist für wahre Liebe nicht ausreichend.

Wenn wir bereit sind, uns von der Akzeptanz in unseren Anstrengungen, führen zu lassen unseren geliebten Menschen wertzuschätzen, überlegen wir vielleicht erneut, wie wir ihn verführen wollen. Wir achten zum Beispiel mehr auf seine Reaktionen im Alltag, was er schön findet oder interessant, was seine Phantasie anregt. Es könnte richtig Spaß machen Dinge über ihn herauszufinden und ihn dann mit kleinen Gesten zu überraschen, die ihn spüren lassen, dass er etwas ganz Besonderes ist. Wenn wir einmal wissen, was ihm Freude macht, können wir in der Richtung nach Anregungen suchen. So wird es einfach und macht auch uns Freude.

Romantik IST Spaß, und muss es auch sein.
Sonst verlieren wir die Freude aus unserer Beziehung.
Ohne Freude ist die Liebe nicht vollständig.

Ich werde ein paar Geheimnisse meiner wundervollen Romanze mit meinem Ehemann mit euch teilen. Romantik steht bei uns wirklich ganz oben auf unserer Liste der Dinge, die wir in unserer Beziehung haben/tun wollen. Was für uns funktioniert, funktioniert vielleicht auch für euch und hilft euch, euren eigenen romantischen Stil zu entwickeln, der dann auf euren Vorlieben aufgebaut ist. Natürlich plaudere ich nicht alle unsere kleinen Geheimnisse aus. Manche wollen wir ganz für uns behalten. Jede Beziehung ist einzigartig und ihr Zauber sollte bewahrt bleiben. Das, was du mit deinen Partner oder deinem Ehemann/deiner Ehefrau kreierst, bleibt deine ganz eigene „romantische Mahlzeit". Nur ihr beide könnt euch tief drinnen kennen, dort wo die Liebe wohnt. Deshalb ist es das Beste für euch, eure eigenen romantischen Geheimnisse zu erfinden und zu genießen.

Bevor ich fortfahre, möchte ich auf etwas besonders Wichtiges hinweisen: Eine Beziehung ist kein Laden für Annehmlichkeiten. Sie ist kein Ort, den wir jederzeit aufsuchen können und uns greifen, was wir haben wollen. Wenn wir also unsere Beziehung aus anderen Gründen als denen der wahren Liebe eingegangen sind, dann werden wir wahrscheinlich auch darin nicht die Romantik finden, nach der wir uns sehnen. Auch nicht den Respekt, die Fürsorge, das gegenseitige Verständnis, die Unterstützung, die Erfüllung.... Warum ich das erwähne? Ich bekomme durch meine Arbeit an Büchern, MP3s und in meinem Blog regelmäßig eine Menge Nachrichten und E-Mails meiner Leser, und die Zahl der Fragen, die sich auf Enttäuschungen in ihren Beziehungen beziehen, ist erschütternd. Viele Menschen beschweren über ihre Partner, die sie nicht unterstützen und über deren Unvermögen und Unwilligkeit romantisch zu sein. Sie beschreiben ihre Partner/Partnerinnen als kalt, abgestumpft, wenig liebevoll und desinteressiert an Romantik. Frage ich weiter nach Einzelheiten, um herauszufinden, wann das begonnen hat, finde ich meistens heraus, dass die Beziehung schon zu Beginn nicht wirklich besonders liebevoll und glücklich war. Wir sprachen bereits darüber, wie es ist, wenn man eine Beziehung aus den falschen Gründen eingeht: aus Angst, alleine zu sein, wegen der Erwartungen oder dem Druck der Gesellschaft und der Familie, auf der Suche nach Sicherheit und so weiter. Wenn du noch den allgemeinen Mangel an Wissen, um was es sich bei der Liebe handelt, hinzuzählst, wird es gleich ganz offensichtlich, warum so viele Beziehungen schiefgehen.

Wenn jemand auf Sicherheit aus ist oder wenn er seinen gesellschaftlichen Status durch Heirat verbessern will und seine Wahl auf jemanden fällt, der ihm das geben kann, er aber genau weiß, wie derjenige tickt, wieso ist er dann enttäuscht? Die andere Person hat ihm geboten, was er wollte, hat also ihre Seite der Vereinbarung eingehalten. Und? Warum ist auf einmal alles nicht mehr so, wie er es sich vorgestellt hat? Siehst du das Problem? Es ist nicht die andere Person. Es geht darum, dass am falschen Ort nach den falschen Dingen gesucht wird.

Bauen wir unsere Beziehung auf etwas anderem als auf wahrer Liebe auf, erfahren und teilen wir keine Liebe. Das Zusammensein wird weder liebevoll, noch glücklich und romantisch. Es befriedigt vielleicht einige unserer Bedürfnisse, die wir für besonders wichtig hielten. Aber auf anderen Gebieten bleibt die Enttäuschung nicht aus. Aus Essig kann man keinen guten Wein machen. Aus einem guten Wein Essig zu machen ist immer möglich.

Damit kommen wir zu einem anderen allgemein verbreiteten Problem: Am Anfang der Beziehung war alles noch sehr romantisch und vielleicht auch noch einige Zeit danach. Doch dann verflüchtigte sich die

Romantik. Sie verlor sich im Stress des Alltags. Die Beziehung wurde trocken, geschäftsmäßig, war angefüllt mit täglicher Routine und Verantwortlichkeiten mit wenig oder gar keiner Freude. Und nun? Wie bekommt man zurück, was verloren gegangen ist? Wie kann man das Feuer der Leidenschaft wieder entfachen, wie kann man sich wieder aneinander freuen?

Wenn eure ursprüngliche, gegenseitige Anziehung auf bloßer Vernarrtheit und nicht auf wahrer Liebe basierte, gibt es, fürchte ich, nicht genug Substanz, mit der man eine Beziehung wieder kitten könnte, wenn sie einmal zerbrochen ist. Es kann sein, dass ihr aus Gewohnheit zusammenbleibt oder ihr habt inzwischen eine Familie, und die Kinder brauchen euch noch oder es gibt andere Gründe. In dem Fall müsst ihr einige Entscheidungen über euer Leben treffen. Was auch immer ihr entscheidet, versichert euch, dass ihr euch für euer Wohlbefinden, euer Glück entscheidet und nicht, um eure Angst zu beschwichtigen. Scheidung ist nicht immer die beste Antwort, und die Wahl kann ganz verschieden ausfallen. Ich kenne Paare, die ohne Liebe zusammenbleiben und zu einer Lösung gelangen, die beide zufriedenstellt: Beide finden sich zum Beispiel mit einer Beziehung ab, die so la-la ist, in der sie von ihrem Bedürfnis nach wahrer Liebe ablassen, jeder seine eigenen Ziele und Passionen verfolgt und damit innere Zufriedenheit erreicht. Sie leben ein irgendwie beschauliches Leben, sie erwarten nicht viel voneinander und glauben, dass sie alles haben, was für sie möglich ist. Dazu kann ich nichts sagen, außer dass dein Leben deine Reise ist. Du machst daraus, was du willst. Es ist deine Entscheidung, was du dir erwählst. Und natürlich ist es kaum möglich in der oben beschriebenen Situation die Romantik wieder aufleben zu lassen. Wenn in einer Beziehung, die auf Vernarrtheit basiert und nicht auf wahrer Liebe, die Vernarrtheit vergeht, dann verflüchtigt sich auch die Romantik.

Wenn ihr euch aber wirklich liebt, wenn eure Beziehung darauf aufgebaut ist, sie aber irgendwo unterwegs von Problemen und Verantwortlichkeiten überschwemmt wurde und ihr nicht mehr wisst, wie ihr eure Liebe bewahren sollt, dann ist noch nicht alles verloren. Ihr werdet Wege finden, wie ihr sie wieder flicken könnt, es zum Guten wendet, die Romantik zurückgewinnt und euch aneinander erfreuen könnt, so wie ihr es verdient. Es bedarf wahrer Liebe um die Freude daran wiederzufinden. Und wenn ihr es wollt, schafft ihr es auch. Aber wartet nicht bis morgen. Es kann passieren, dass das Morgen niemals kommt.

Ob wir nun die Romantik neu in unser Leben bringen oder sie wieder von Neuem anfachen – es ist gut zu wissen, dass es unerheblich ist, wer den ersten Schritt macht.

Wahre Liebe bedeutet, dass wir alles gleichermaßen teilen, und dazu gehört die Verantwortung für diese Liebe. Wir sollten nicht darauf warten, dass der andere uns verführt, wir ergreifen auch gerne selbst die Initiative.

Eins der kleinen Geheimnisse in unserer Beziehung ist, dass Patrik und ich den Unterschied zwischen einem guten Freund, einem Kumpel oder Kollegen und dem Lebenspartner genau kennen und anerkennen. In einer Langzeitbeziehung können sich die Rollen unwissentlich zuweilen umkehren. Unsere andere Ehehälfte ist plötzlich eher ein guter Freund, mit dem wir die Verantwortung für den Haushalt und/oder die Kinder teilen, als unser romantischer Partner. Wir kennen uns gut, wir teilen eine ganze Menge Erfahrungen, wir geben uns gegenseitig Ratschläge – es ist also sehr einfach, von einem Liebhaber/einer Liebhaberin zu einemeinem guten Freund zu wechseln, während wir beides gut verkörpern könnten, Liebhaber und guten Freund. Es passiert bei vielen Paaren, dass sie nur noch gute Freunde sind.

Vergiss niemals die Person anzusehen, als würdest du dich von neuem in sie verlieben. Finde Möglichkeiten, wie du ihren Reiz neu betonen kannst, nicht nur ihre Güte. Mach dir bewusst, wie ihre Haare in der Sonne glänzen und tanzen, wie die Augen leuchten und das Lächeln strahlt. Wie angenehm die Stimme ist, wenn sie singt oder flüstert. Entdecke jeden Tag wieder ihre innere Schönheit. Bemerke ihre Freundlichkeit, ihre Kraft, ihr Interesse an der Welt. All das, in das du dich verliebt hast, ist immer noch da. Und doch ist es nicht immer gleich. Die Person deiner Liebe verändert sich und wächst zusammen mit deiner Beziehung zu ihr. Wenn du immer wieder neu diese winzigen oder großen Veränderungen registrierst, wirst du mehr als eine Millionen Gründe haben, sie zu bewundern.

Aufmerksamkeit ist der Schlüssel dafür, dass die Romantik weiterlebt. Dinge als selbstverständlich hinzunehmen sind ihr Tod.

Ein weiteres, sorgsam gepflegtes Geheimnis, dass ich gerne mit euch teile ist, das Patrik mich jeden Tag aufs Neue fragt, ob ich ihn heiraten will. Nicht auf die formelle Art und Weise, indem er in einem Blumenmeer in seinem besten Anzug niederkniet. Das war, als er mich das erste Mal fragte. Jetzt schaut er mir täglich tief in die Augen und versichert sich, ob ich ihm noch immer die gleiche Antwort gebe. Jeden einzelnen Tag unserer Ehe. Er möchte wissen, ob ich mit ihm zusammen sein will, er findet es nicht selbstverständlich, nur weil wir verheiratet sind. Manchmal komme ich ihm mit der Frage zuvor und dann werde ich mit einem strahlenden Lächeln belohnt.

Unser kleines, liebevolles Ritual dient auch noch einem anderen Zweck: Es erinnert schlagartig an den Tag, als er mir zum ersten Mal einen Antrag machte. Es wird niemals langweilig. Das weißt du sicher, wenn du mal in der gleichen Situation gewesen bist. Wir spüren wieder die gleiche Schönheit des Augenblicks, das Glück und die Freude, für eine

Person, die man anbetet, bewundert und so sehr mag, etwas Besonderes zu sein. Oh ja, mein gescheiter Ehemann dachte sich etwas aus, das wirklich für uns beide unvergesslich war. Wohlüberlegt, wunderschön und genau richtig. Diese kleine, täglich wiederholte Geste lässt uns niemals den Beginn unserer Romanze vergessen.

Noch etwas anderes hat Patrik sich ausgedacht: von Zeit zu Zeit schreiben wir liebevolle Botschaften wie „Ich liebe dich", oder „Du bist mein Favorit", etc., und die verstecken wir an Stellen, die der andere am wenigsten erwartet. Ich ziehe zum Beispiel meine Winterjacke aus dem Schrank und finde eine Botschaft von ihm in der Jackentasche. Oder Patrik findet eine in seinem Schuh oder unter seiner Computermaus. Die Möglichkeiten sind endlos. Und weißt du was? Es kommt nicht auf die Länge der Notiz an. Ein Liebesbrief ist ein Liebesbrief. Es geht darum, jemanden wissen zu lassen, dass er geliebt wird. Und er hat es schriftlich überbracht bekommen. Wir haben schon einen großen Topf mit Liebesbotschaften gefüllt und können sie immer lesen, wenn wir wollen. Es ist etwas Unwiderstehliches an Tinte und Papier, wenn es sich um Romantik handelt. Es fühlt sich einfach gut an.

Mit Überraschungen bleiben die Dinge interessant.

Wenn du jemanden überraschst, sagt du ihm damit: „Ich denke an dich. Ich strenge mich an, damit du es wahrnimmst". Lieben wir nicht alle Überraschungen?

Noch ein weiteres Geheimnis unserer Liebe werde ich mit euch teilen. Die anderen behalten wir für uns.

Keiner von uns beiden verlässt das Haus, ohne dem anderen richtig „auf Wiedersehen" zu sagen. Wenn wir für wenige Stunden oder länger gehen, ob nun zur Arbeit oder zu einem Meeting oder ähnlichem, haben wir ein kleines Ritual für diese Situation. Ein Abschiedskuss gehört dazu und dass wir dem anderen einen schönen Tag wünschen und an ihn denken, wenn wir nicht zusammen sind. Das fühlt sich für uns gut an.

Egal, was wir gerade tun, wir lassen alles stehen und liegen, gehen mit an die Tür und verabschieden uns.

Wenn unsere Beziehung nicht an erster Stelle steht, sind wir in keiner Beziehung.

Um also die Romantik am Leben zu erhalten, müssen wir kleine, wohlüberlegte Gesten in unseren Alltag integrieren. An Hochzeitstage zu denken, Geburtstage zu feiern oder Ferien an romantischem Orten zu machen wird nicht genügen, wenn sich an ganz gewöhnlichen Tagen überhaupt nichts tut in Sachen Romantik. Bitte erzählt mir nicht, ihr hättet keine Zeit für romantische Einfälle oder dass ihr zu müde seid, um überhaupt daran zu denken. Wahre Liebe ist immer aufmerksam und umsichtig. Und so muss auch unser romantisches Bedürfnis sein. Denke dir etwas aus und dann sei spontan. Genieße es auf jede Weise und vergiss nie aufmerksam in deiner Romanze zu sein.

Nun wissen wir, wie gute Romantik beschaffen ist. Es ist Zeit für den nächsten (oder den ersten) Schritt. Warte nicht darauf, dass er/sie sich bewegt. Bei der Liebe geht es nicht ums Konkurrieren oder darum, etwas zu beweisen. Es geht um Vertrauen und darum, miteinander zu teilen. Erlauben wir unserer Liebe uns zu zeigen, romantisch zu sein.

GEHEIMNIS NUMMER 7

VERPFLICHTUNG

ES WIRD ERNSTHAFT, ABER WIR WOLLEN ES LEICHT NEHMEN:

EIN „VERTRAGSBRECHER" ODER „FRIEDENSENGEL"?

**Wenn es leicht ist ja zu sagen
und wenn das Ja eine Tonne wiegt.**

Manche Leute verlangen eine Rückversicherung und lieben die Aussage „für immer", während andere sich nicht wohlfühlen bei der Idee zu versprechen, auf ewig gebunden oder gar davon begeistert zu sein. Wie kann man beide Seiten zufriedenstellen, und dabei Waffenruhe garantieren?

Wenn es nun eine Lösung für dieses Problem gäbe, das nichts zu tun hätte mit Rückversicherung oder Beruhigungsversuchen?

Wenn wir eine Beziehung eingehen, sind wir gleichgestellt. Alles, was uns betrifft, muss bedacht und respektiert werden. Alles ist wertvoll, nichts sollte außer Acht gelassen, klein oder lächerlich gemacht werden, nicht wie wir fühlen und auf keinen Fall, wie wir in Beziehung zu unserem Geliebten/unserer Geliebten stehen.

Oft aber, wenn jemand seine Bedenken zu dieser Bindung äußert, werden die Beteiligten behandelt, als sei etwas mit ihnen nicht in Ordnung. Sie werden bisweilen von der Familie und Freunden eingehend „diagnostiziert" und bekommen ausführliche Ratschläge zum Thema Verpflichtung und wie damit umzugehen ist. So sehen wir die Dinge durch die Linse unserer westlichen Tradition. Das sind die Standards unserer Gesellschaft. Wir denken nicht groß darüber nach. Wir wissen, was man uns beigebracht hat, und wir erkennen gewisse Regeln als Lebensweisheiten an. Wir nehmen an, dass wir das Richtige tun, wenn wir sie befolgen. Wenn nicht, wissen wir von vornherein, dass wir „Probleme" bekommen.

Es gibt viel Gerede über die Bindungsängste und man spart nicht mit Lösungen für den besonderen Fall. Manchmal helfen diese Strategien und manchmal nicht. Tatsächlich sind es einfach nur Hinweise von Leuten, die durch ihre eigenen Erlebnisse in der Vergangenheit verletzt wurden oder verwundbar geworden sind. Diese Ratschläge mögen einer Person helfen, ihre unbewussten Ängste zu analysieren und herauszufinden, was sie einschränkt, aber sie helfen nicht wirklich, Sorgen in Sachen Verpflichtungen auszuräumen. Denn da ist eigentlich nichts, worüber man sich Sorgen machen muss.

Es gibt die verschiedensten Gründe, warum jemand Verpflichtungen scheut, nicht heiraten will, nicht in einer gesetzlichen Gemeinschaft oder Langzeitbeziehung sein möchte. Man sollte das nicht alles über einen Kamm scheren. Wir denken vielleicht, dass die Standards unserer Gesellschaft festlegen, was für menschliche Wesen richtig ist und was nicht. Und wenn etwas nicht konform geht mit der bestehenden Norm, muss es unangemessen oder falsch sein. In Wirklichkeit aber sind wir alle verschieden, und unsere Vorstellung, wie wir mit jemandem zusammen sein wollen oder nicht, hängt davon ab, wo wir im Leben stehen, wie unser Verhältnis zu anderen ist und wie wir uns selbst sehen. Das heißt, wenn wir uns nicht an die Regeln halten, die für uns aufgestellt, wurden, würde es so sein.

Woher kam das eigentlich alles? Wir sprachen schon kurz im vorherigen Kapitel über die Geschichte der Ehe. Wir erinnern uns also, dass einer der Gründe, eine legale Verbindung einzugehen, war, sicherzustellen, das jemandes Erbe, sein Besitz in den Händen seiner legitimen Nachkommen bleiben würde, wenn es nicht testamentarisch in anderer Form festgelegt wurde. Die Ehe ist eine Institution, die die Grundlage gewisser Gesetze, Steuern und Vorschriften ist. Als solche untersteht sie der Regierung (oder der Kirche/religiösen Institutionen) und bedarf einer entsprechenden Zustimmung/ Genehmigung. Paare, die auf legalem Wege verheiratet sind, stehen unter besonderem, staatlichen Schutz, sie genießen Vorteile, was zum Beispiel die Steuern, die Einwanderung oder die medizinischen Belange betrifft oder sie haben soziale Vergünstigungen bei Lebensversicherungen, etc. Ähnlich der gesetzlich geschlossenen Ehe ist die informelle Ehe, das Zusammenleben aus Gewohnheit oder anderen Gründen. Diese als legal angesehenen Ehen, bei denen die Paare sich nicht gesetzlich registrieren lassen, werden als zivile oder religiöse Vereinigung angesehen. Das bedeutet, wenn sich das Paar anderen gegenüber als verheiratet erklärt, es offiziell als zusammengehörig, gilt. Es wird aber vor dem Gesetz anders behandelt, was den Besitz, ihre eheliche Wohnung, die Unterstützung der Eheleute oder das Erbrecht, etc. betrifft. Diese verschiedenen Rechte und Vorschriften variieren je nach Land, Staat oder Provinz und so weiter.

Es gibt also nicht nur in Bezug auf unsere Gefühle und Vorlieben eine Menge zu überlegen, sondern auch was die speziellen Gesetze betrifft und wie sie unser Leben beeinflussen, wenn wir uns entschließen, den Bund fürs Leben einzugehen.

Es gibt einen Unterschied zwischen der rechtlichen Bekanntmachung einer Verbindung und der Verkündung einer Liebe. Manche von uns mögen darauf bestehen, dass die erstere ein Beweis wahrer Liebe ist, so kommt es doch augenscheinlich auf das Arrangement an und ist keine Garantie für ewige Zuneigung.

Ein anderer Aspekt ist auch, wie man es sich am meisten wünscht. Manche Paare möchten eine Zeremonie, die den Beginn ihres gemeinsamen Lebens markiert, und manche brauchen das gar nicht. Die einen wollen den speziellen Augenblick mit ihrer Familie und Freunden teilen, während andere das „zur Schau stellen ihrer intimsten Gefühle" als ein Eindringen in ihre Privatsphäre empfinden. Es gibt Leute, die ihr

„Ja" hören und sagen wollen, was sie mit Freude erfüllt und sie zu Tränen rührt, während andere keine besondere Ankündigung wünschen.

Für die Menschen gibt es kein Thema Verpflichtung. Es gibt für sie Vorlieben und sie wählen Verpflichtungen aus.

„Ich bin verpflichtet, dich zu lieben und mit dir zu wachsen." Das ist die einzige wirkliche Verpflichtung. Alles andere ist abstrakt und unrealistisch. „Auf immer und ewig" klingt großartig. Aber „für immer zusammen" geschieht vielleicht nie. Vielleicht endet morgen die Welt. Vielleicht verschwindest du morgen.

Wenn wir von der Perspektive der „Meisterlehren der Hoffnung" ausgehen (so wie mein Mann und ich es tun), dann macht niemand wirklich etwas falsch. Uns ist bewusst, dass wir alle unsere unterbewussten Schatten haben. Das sind die negativen Programme, die uns von unserem Unterbewusstsein aus beherrschen und uns auf Autopilot agieren lassen. Sie sind die „Geister der Vergangenheit", und obwohl wir uns mit ihnen beschäftigen müssen, wenn wir frei von Begrenzungen sein und frei in unserem Leben wählen wollen, so sind sie doch das Erbe der menschlichen Natur. Wir sind wunderschön und komplex. Wir werden im nächsten Kapitel im Detail über die gängigsten negativen, unterbewussten Programme/Ängste sprechen. Es gibt Möglichkeiten mit ihnen umzugehen, wenn wir sie erst einmal besser verstehen.

Wie können wir uns also wahrhaft darauf einlassen, jemanden zu lieben?

Bei Patrick und mir funktioniert, dass wir uns sagen: Eins nach dem anderen, ein Tag und dann der nächste. Wir handhaben die Dinge, wie sie kommen und machen weder Pläne, noch sorgen wir uns um die Zukunft.

Obwohl wir legal verheiratet sind, so wie wir es vorgezogen haben, nimmt keiner von uns beiden unsere Beziehung als selbstverständlich hin oder versteht unsere rechtmäßig geschlossene Ehe als Garantie für unsere „einzementierte Zukunft". Du erinnerst dich, was Patrik mich täglich aufs neue fragt. Er liebt es mich zu heiraten und tatsächlich möchte er mich in jedem Land, das wir besuchen, wieder heiraten, ob es nun eine legale Zeremonie ist (da, wo die Möglichkeit besteht) oder ein privates Ritual mit einigen Freunden und/oder der Familie. Wir freuen uns an der Idee und an allen Gefühlen und Festlichkeiten, die damit verbunden sind. Aber das bezieht sich auf uns. Das ist eins unserer Liebesgeheimnisse. So wollen wir unsere Verbindung feiern.

Jede Art von Verbindung zwischen zwei Menschen sollte ihre eigene freie Wahl sein.

So bleibt der Bund leicht und erfreulich.

Wenn aber einige Regeln befolgt werden müssen, egal, wie diese sind, kann das zu einer schweren Last werden. Das ist der Moment, in dem das Wort mit den zwei Buchstaben, das Wörtchen „Ja" eine Tonne wiegt.

Ein bleischweres Ja verkündet keine Liebe.

Der bis an die Zähne bewaffnete Friedensengel kann leicht zu einem Vertragsbrecher werden, wenn er mit dem Rücken zur Wand steht.

Wenn wir jemanden lieben, wird uns klar, wie wichtig es ist, dass der andere imstande ist, sich selber treu zu bleiben. Wir bombardieren die Person nicht mit unseren Ansichten, wir führen sie nicht auf eine Art und

Weise unserer Familie vor, die uns vor anderen in gutem Licht glänzen lässt. Nur weil wir heiraten wollen, bedeutet das noch lange nicht, dass der andere unbedingt das gleiche wollen muss. Wenn wir erst einmal die Vorstellungen, die wir von einer Beziehung haben, fallen lassen, haben wir schließlich vielleicht die Chance, eine echte Beziehung zu haben. Das ist in gewisser Weise für uns und für unseren Partner näher an der Wirklichkeit.

Verpflichtung hängt eng zusammen mit dem nächsten Aspekt der Liebe. Dieser Aspekt heißt Bescheidenheit oder Demut. In einer wahren Liebesbeziehung beeinflusst Bescheidenheit die Art, wie wir die Treue des anderen anerkennen und unsere Wünsche nicht wichtiger nehmen als die des anderen.

Lasst uns bescheiden bleiben und nicht davon ausgehen, dass irgendjemand uns Glücklich sein schuldet. Lasst uns bescheiden bleiben, unsere Liebe und die Freiheit und das Glück des anderen wertschätzen. Lasst uns demütig sein im Angesicht unserer eigenen Unzulänglichkeiten.

Lasst uns für jeden Tag dankbar sein, den wir mit der Person, die wir lieben, genießen können. Dinge ändern sich und genau das gleiche kann unserer Beziehung geschehen. Lasst uns diese Tatsache anerkennen und nicht ärgerlich werden oder verletzt sein, wenn das geschieht.

Nur der Liebesenergie können wir uns vollkommen anvertrauen und sie ehren. Ehren, wer wir sind und wer der andere ist. Auf dass unsere wahre Liebe uns helfe zu wachsen.

Alles andere ist nur eine Vereinbarung über bestimmte Dinge, zu denen wir unsere Zustimmung geben.

Und für diejenigen, die die Idee einer Heirat schön und romantisch finden, habe ich hier ein paar hübsche, kleine Edelsteine, die ihnen vielleicht gefallen werden.

Eine der ersten Hochzeiten, die bekannt geworden sind, fand im alten Ägypten statt. Überhaupt kommt die moderne Tradition der Eheschließungen von dort. Die erste Zeremonie der Geschichte zelebrierte ein Geistlicher (hemu) einer alten ägyptischen Religion mit dem Namen Pr Ntr Kmt.

Zwei Texte aus dem alten Ägypten, die bei Hochzeiten gelesen wurden, sind Beispiele der Schönheit alter Liebesdichtkunst:

Wenn ich dich verlasse – aus dem Harris Papyrus, 500 Liederzyklen 2, fünfzehntes, vorchristliches Jahrhundert.

„Wenn ich dich je verlasse, bleibt mir der Atem stehen,
Der Tod ist ebenso einsam, wie ich dann bin.
Ich träume, dass ich liege und von deiner verlorenen Liebe träume.
Und mein Herz hört in mir auf zu schlagen.
Ich starre auf meine Lieblingskuchen aus Datteln.
Jetzt scheinen sie mir salzig.
Der Wein aus Granatapfel, einst süß auf unseren Lippen –
Bitter. Bitter wie Vogelgalle.
Unsere Nasen berühren sich bei deinem einzigartigen Kuss.
Und mein stotterndes Herz spricht ganz deutlich:
Lass mich mehr von deinem Atem trinken, lass mich leben!

Frau, die du für mich bestimmt bist!
Die Göttin selbst hat dich als heiliges Geschenk überreicht.
Damit meine Liebe ewig währt."

Lass meine Geliebte mich von Herzen lieben – aus dem Turin Papyrus aus der Zeit von Ramses, circa 1100 v.Chr.

„Lass meine Geliebte mich von Herzen lieben und sie soll
Die Hände voller Lotosblüten und Blumen haben,
Voller Knospen und Düfte,
(sie soll) Starkes Getränk und Bier jeder nur erdenklichen Art trinken.
Dann wird sie mir ihre Liebe schenken, (es wird) ein erinnerungswürdiger Tag.
Lass mich diesen Tag bis zur seinem letzten Schatten schlürfen."

Laut einigen Historikern ist das älteste Liebesgedicht der Welt die 4000 Jahre alten sumerischen Zeilen, die von einer Braut des sumerischen Königs Shu-Sin, dem vierten Herrscher der Dritten Dynastie von Ur, der zwischen 2037 und 2029 v.Chr. regierte, rezitiert wurden. Es wurde als Vorlage einer Zeremonie für die heilige Eheschließung verwendet. Nach sumerischem Glauben war es die heilige Pflicht des Königs, jedes Jahr eine Priesterin zu heiraten, und das Ritual der heiligen Eheschließung beinhaltete das Nachspielen der Vereinigung zweier Gottheiten, gewöhnlich Inanna (oder Ishtar) und Dumuzi (oder Tammuz).

Das Gedicht wurde von Generation zu Generation weitergegeben. Schließlich wurde es irgendwann in achten vorchristlichen Jahrhundert auf einer Tafel in sumerischer Keilschrift festgehalten. Diese Tafel wurde um 1880 in Nippur im heutigen Irak entdeckt und befindet sich seither im Museum des alten Orients in Istanbul.

Die vollständige Übersetzung des Gedichtes aus „Die Geschichte beginnt in Sumer" von Noah Kramer lautet:

Das Liebeslied für Shu-Sin

„Bräutigam, teuer meinem Herzen,
Stattlich und honigsüß ist deine Schönheit,
Löwe, teuer meinem Herzen,
stattlich ist deine Schönheit, honigsüß.

Du hast mich gefangen, lass mich zitternd vor dir stehen.
Bräutigam, ich möchte von dir in das Schlafgemach entführt werden.
Du hast mich gefangen, lass mich zitternd vor dir stehen,
Löwe, ich möchte von dir in das Schlafgemach entführt werde,

Bräutigam, lass mich dich liebkosen,
Meine kostbare Zärtlichkeit ist wohlschmeckender als Honig.
Lass mich in dem Schlafgemach, angefüllt mit der Süße des Honigs,
Deine stattliche Schönheit genießen, Löwe, lass mich dich liebkosen.
Meine kostbare Zärtlichkeit ist mehr als Honig.

Bräutigam, du hast deine Freude an mir gehabt.
Sag es meiner Mutter und sie wird dir Köstlichkeiten geben,
Mein Vater hält Geschenke für dich bereit.
Dein Geist, ich weiß, wo man deinen Geist bejubeln kann,
Bräutigam, schlaf in unserem Haus bis zur Dämmerung.
Dein Herz, ich weiß, wie man dein Herz erfreuen kann,
Löwe, schlafe nun in unserem Haus bis zur Dämmerung.

GEHEIMNISSE DER LIEBE

Du, weil du mich liebst, gib mir, ich bitte dich,
Von deinen Zärtlichkeiten.
Mein Herr, Gott, mein Beschützer,
Mein Shu-Sin, der Enlils Herz erfreut,
Gib mir von deinen Zärtlichkeiten, das ist meine Bitte.

Deine herrliche, honigsüße Stelle, bitte lege deine Hand darauf,
Lege deine Hand wie ein Gishban- Gewand darüber.
Lege deine Hand darüber wie ein Gishban-Sikin-Gewand".

GEHEIMNIS NUMMER 8

ZERSTÖRER VON BEZIEHUNGEN:

SIEBEN GESPENSTER DER VERGANGENHEIT

Die nicht eingeladenen Gäste knurren und heulen.

Sie verfahren mit uns, wie sie wollen, wenn wir uns nicht mit ihnen beschäftigen.

Wir alle wollen die gleichen Dinge: Gute Gesundheit, Erfüllung, eine liebevolle Beziehung/Familie sowie Komfort im Leben. Während die Details über unsere Vorstellung, wie unsere Bedürfnisse erfüllt werden sollen, variieren, geht es doch generell nur um das eine: Glücklich sein. Wir wollen alle im Leben glücklich sein. Es gibt niemanden auf diesem Planeten, der allen Ernstes behaupten würde, er oder sie wolle unglücklich sein.

Das Streben nach Glück im Leben ist eine Münze mit zwei Seiten. Einerseits sollst du deine Erwartungen loslassen und das Leben so genießen, wie es ist – eine wunderbare Reise, um die Person zu werden, die du in Wahrheit bist. Andererseits musst du dich etwas anstrengen, um da anzukommen, wo du genau die Person sein kannst, die du sein sollst.

Eine glückliche Beziehung, die auf wahrer Liebe beruht, ist auf dem gleichen Prinzip aufgebaut. Glück herrscht in einer Beziehung, wenn du loslassen kannst, was dich niederdrückt und gleichzeitig, aufgrund dessen, was du bereit bist, für das Wachstum deiner Beziehung zu tun.

Oh ja, keine Frage! Wir alle wollen das Beste für unsere Beziehung. Wir wollen, dass es ein wahrhaft wundervolles Fest ist, wo beide die Zeit miteinander genießen und feiern, was wir haben: Liebe.

Was aber, wenn das Fest, nach dem wir uns gesehnt haben und für das wir planten, von ungebetenen Gästen gestört wird, die an unserer hübsch gedeckten Tafel mit ihrer eigenen versteckten, destruktiven Vorstellung aufkreuzen?

Die Gespenster unserer Vergangenheit. Das sind die Zerstörer von Beziehungen. Ebenso wie die Zerstörer einer Hochzeit von beiden Seiten angreifen können – der Seite des Bräutigams oder der Braut – so geschieht das auch in Beziehungen. Oft kommen sie von beiden Seiten.

Jede in uns schlummernde Wunde wird zur Schwäche, die wir in unserem Unterbewusstsein zu verstecken suchen, die wir sozusagen unter den Teppich kehren. Diese Wunde, die nicht behandelt wurde und nicht heilen konnte, wird zur Basis für die Entwicklung eines unterbewussten Schattens, der unsere Schwachpunkte sozusagen mit seinem eigenen Körper bewacht. Gleichzeitig wird ein solcher Schatten rücksichtslos, unbarmherzig, ein böswilliger Tyrann, der anfängt, unser Verhalten und unsere Gefühle zu kontrollieren. Je mehr ungelöste Traumata wir haben, desto mehr Schatten beherrschen unser Unterbewusstsein.

Unsere Schatten übernehmen das Regime, um uns vor jedwedem Unheil zu bewahren. Ob nun eine wirkliche Gefahr vorhanden ist oder nur eine eingebildete Bedrohung – unsere Schatten handeln an unserer Stelle. Dann fangen wir plötzlich an uns wie Roboter auf Autopilot zu verteidigen. Wir wiederholen die gleichen Muster und bleiben wieder und wieder in den gleichen, störenden Situationen stecken, setzen endlos die emotionalen Schmerzen fort und kreieren die gleichen Wunden für uns und andere. Kurz: Wir sabotieren unsere Beziehung, unser Glück, unser Recht auf Erfolg und Überfluss und schließlich auch unser Recht auf Liebe und darauf, geliebt zu werden.

Wenn wir eine Beziehung beginnen, die auf wahrer Liebe aufgebaut ist, sind wir damit einverstanden, dass beide Teile die gleiche Verantwortung für die Liebe tragen, die wir miteinander teilen. Treten irgendwelche Probleme auf, können wir nicht einfach auf den anderen deuten und sagen: „Das ist alles deine Schuld!" oder „Du weißt, ich habe versagt. Ich kann's nicht ändern."

Tatsächlich k ö n n e n wir es ändern. Wir können, wenn wir wirklich wollen. Und bezogen auf den ersten Ausspruch: Es ist niemals einfach die Schuld des anderen. Die Liebe ist nicht blind und in der Liebe sind zwei nötig, um einen Tango zu tanzen.

Die Gespenster unserer Vergangenheit machen sich früher oder später bemerkbar. Tatsächlich kennen wir alle unsere Schatten nur zu gut. Wir wissen, wie wir reagieren; wir wissen, was wir getan haben und was wir vielleicht tun. Lasst uns also nicht vorgeben, die Existenz unserer Schatten würde uns überraschen, wenn sie unsere Beziehung zerstören. Lasst uns darüber klar sein, dass die Person, die wir lieben, auch ihre Schatten mit sich schleppt.

Das heißt natürlich nicht, dass wir vor der Liebe davonlaufen müssen oder davor, eine liebevolle Beziehung zu haben, wenn wir noch nicht von unseren Schatten geheilt sind. Wir sollten nicht die Möglichkeit verwerfen zu lieben und mit jemandem zusammen zu sein, dessen Wunden sehr tief sind. Es ist aber das beste sich um das eigene Durcheinander zu kümmern, bevor es zu einem Vertragsbrecher wird. Aber das bloße Vorhandensein des Durcheinanders (das des anderen und das eigene) ist kein Problem, das nicht überwunden werden kann. Es sei denn, das ist es wirklich.

Wenn wir uns entschließen einander zu lieben und gemeinsam zu wachsen, riskieren wir selbstverständlich, es mit unserer wahren, menschlichen Natur zu tun zu bekommen. Und die ist sowohl wunderschön, als auch komplex.

Ob nun beide oder nur einer der Partner noch Arbeit in Sachen Heilung vor sich hat – beide müssen gleichermaßen geduldig sein, unterstützend wirken und weise genug sein zu wissen, dass die Heilung Zeit braucht.

Ein wunderschöner Aspekt der Liebe, der der Akzeptanz (Anerkennung) folgt, ist Gleichkeit/Ebenbürtigkeit. Wenn wir beides in unserer Beziehung beachten, erkennen wir gleiche Rechte und Privilegien für beide Partner an und erschaffen damit die wunderbare Beziehung, die wir uns wünschen.

Das ist das Wichtigste, das wir beachten müssen, wenn die Geister unserer Vergangenheit erscheinen, um uns zu trennen und uns unseren Platz zuzuweisen wollen, damit wir nicht im Dunkel unseres Kummers hocken bleiben und nicht das strahlende Licht unserer Liebe aus den Augen verlieren.

Gewöhnlich geschieht es, dass die Schatten beider Partner miteinander zu ringen anfangen, da jeder versucht, seine eigenen Wunden zu schützen. Wir sind nicht achtsam genug, wenn wir nicht über unsere Befürchtungen sprechen und nach Lösungen suchen. So kann es leicht geschehen, dass wir unsere Beziehung sabotieren und unsere Leidenschaft davonjagen, bis es kein Zurück mehr gibt.

Ich muss noch hinzufügen, dass alles möglich ist. Wir sind alle einzigartig. Wir sind alle verschieden. Und wir wissen genau, was uns und unserer Beziehung wohltut, wenn wir uns wirklich auf die Liebesschwingungen einstimmen.

Patrick und ich haben uns in liebevoller Kommunikation geübt. Wir scheuen nicht davor zurück über das zu sprechen, was uns wehtut und wir fürchten uns nicht unseren Schatten zu begegnen, denn wir haben keine Angst vor ihnen. Es wäre wirklich naiv zu denken, dass irgendjemand frei von Schatten ist. So funktioniert das nicht. Wir menschlichen Wesen reagieren sehr feinfühlig auf unsere Umgebung. Unser Überleben hängt weitgehend davon ab, dass wir eher zusammenarbeiten als uns allein durchzuschlagen. Wir sehen und hören nicht besonders gut, haben keine Reißzähne oder scharfe Klauen, kein Fell, dass dick genug ist, um uns warm zu halten. Als menschliche Rasse haben wir so lange überlebt, weil wir die Fähigkeit haben als Gemeinschaft zusammenzuarbeiten. Das ist unsere wahre Stärke. Die Programmierung anderer beeinflusst uns also nicht nur in unserer Kindheit, sondern unser ganzes Leben. Deshalb ist unsere „Schatten-Hygiene" so wichtig, das heißt unser Unterbewusstsein unter Kontrolle zu haben und uns um unser inneres Chaos zu kümmern.

In diesem Kapitel wende ich mich an die gängigsten Topbeziehungszerstörer – die Gespenster aus unserer Vergangenheit, die wir uns bewusst machen und wissen müssen, wie wir ihnen am besten begegnen. Es ist das längste Kapitel in diesem Buch. Nimm dir Zeit, es zu lesen. Denn diese unwillkommenen Gäste nahmen sich ihre Zeit, in ihre Macht hineinzuwachsen, und wir können uns nicht leisten, sie auf die leichte Schulter zu nehmen.

Ob sie nun unsere eigenen Gespenster aus der Vergangenheit sind oder ob sie die von uns so geliebten Menschen heimsuchen, wenn wir gut gerüstet sind, kann alles sich zum Guten wenden.

Das ist gut zu wissen.

Gespenst Nummer 1

Die Angst vor Veränderungen

Sie kann dich aufhalten, wenn du dich bewegen willst.

Sie sagt dir, es sei zu deinem eigenen Besten.

Der unwillkommene Gast füttert unsere Unsicherheit darüber, wie sich Dinge in einer neuen Situation entwickeln werden. Er wird uns ins Ohr flüstern, wie unglücklich andere Leute sind und uns vor all den negativen Folgen unserer Entscheidung warnen und er wird versuchen uns zu „retten".

Ob wir nun in ein neues zu Hause umziehen, einen neuen Job beginnen, eine Beziehung anfangen oder beenden – die Angst vor der Veränderung ist da, sie blüht und gedeiht und ist glücklich uns auf unserem Weg zu stoppen. Oh ja, das wird sie tun, wenn wir ihr nur die Gelegenheit dazu geben. Sie zählt uns hundert Gründe auf, warum wir dort bleiben sollten – egal, ob es friedlich ist oder unruhig, selbst wenn man uns da schlecht behandelt. Die Angst vor der Veränderung wird versuchen, uns davon zu überzeugen, dass der „alte Teufel" besser ist als ein „neuer Teufel". Wir wissen doch, wie wir den alten zu behandeln haben. Lassen wir zu, dass diese Angst weiter die Oberhand behält, werden wir niemals den Mut aufbringen, zu riskieren, uns den Gelegenheiten zu öffnen, die sich uns bieten. Wir sind vielleicht niemals in der Lage, jemandem ganz offen unsere Liebe zu offenbaren oder – in einem anderen Szenario – niemals fertigbringen, eine schimpfliche Beziehung zu beenden.

Es ist tatsächlich leicht, sich an jede Situation zu gewöhnen, in der wir uns gerade befinden, selbst wenn sie uns nicht mehr von Nutzen ist. Es ist schwerer sich auf einen Wechsel einzulassen und unsicheres Terrain zu betreten. Dabei spielt es keine Rolle, ob der Wechsel gut oder schlecht für uns ist. Die Angst vor der Veränderung weiß, was sie weiß, und sie will, dass wir ihn unter allen Umständen vermeiden.

Wie bewegen wir den ungebetenen Gast zu gehen?

Schritt 1: Mach dir klar und akzeptiere, dass unser Leben einem Strom von Veränderungen unterworfen ist, mit oder ohne unsere Zustimmung. Egal, was wir tun oder lassen, das Leben bringt uns sowieso Veränderungen – tatsächlich ist das die EINZIGE Konstante im Leben.

Schritt 2: Mach dir klar und akzeptiere die Tatsache, dass es in keiner Situation irgendeine Sicherheit gibt, keine Garantien. Was das eine heute zu sein scheint, kann morgen etwas ganz anderes sein. Ja, das ist die Wahrheit: Nichts ist jemals sicher im Leben. Aber das ist normal. Das ist das Leben.

Schritt 3: Schau dir deine Situation an. Warum, glaubst du, hast du dich an sie gewöhnt?

Den meisten ist folgendes nicht klar:

In dem Augenblick, wo wir wissen, wie man in einer Situation überlebt, fühlen wir uns darin bestätigt, dass wir wissen, wie wir uns in dieser Umgebung zu verhalten haben. Das wird zu unserer „gewohnheitsmäßigen Sicherheit" und dann neigen wir dazu, uns mit dieser Sicherheit zufrieden zu geben. Jemand kann sich an einen Sturm gewöhnen und darin seine „gewohnheitsmäßige Sicherheit" sehen.

Manche erfinden in einer ganz neuen Situation die gleiche alte Erfahrung. Egal, ob es leicht ist oder schwierig, friedlich oder störend, die Umgebung liebevoll oder schlimm ist. In jeder Lebenslage, in jeder Umgebung neigt unser Geist dazu, die Erfahrungen der Vergangenheit neu zu kreieren. Und viele von uns bleiben in einer Situation stecken, die für sie alle andere als gut ist. Das ist eine Tatsache. Es ist wichtig sich zu erinnern, dass „gewohnheitsmäßige Sicherheit" lediglich ein Produkt unseres Geistes ist.

Schritt 4: Wann immer du mit deinem/deiner Liebsten zusammen bist, ihr Händchen haltet oder euch in die Augen schaut, denk daran, dass der Sinn deiner Beziehung ist, zusammen zu wachsen und Liebe zu teilen. Du musst nichts herausfinden oder beweisen.

Gib dir ein Versprechen, deine Liebe wertzuschätzen und dich von ihr in deiner Beziehung führen zu lassen. Vertraue dem Vorgang und vertraue dir selbst. Du hast schließlich nichts zu verlieren, außer deiner Angst vor der Veränderung.

GESPENST NUMMER 2

DIE ANGST EMOTIONAL VERLETZT ZU WERDEN

Sie will unsere Liebe in Schach halten.

Sie hat kein Vertrauen, egal, was wir sagen.

Dieses furchterregende Gespenst aus unserer Vergangenheit manifestiert sich vielleicht in verschiedenen Stadien unserer Beziehungen. Es sucht in der Vergangenheit nach Ratschlägen und sieht immer vielerlei Gründe zu erwarten, warum etwas schief gehen wird.

Es bewegt uns dazu, allerlei Verteidigungen parat zu haben, von denen wir glauben, dass sie uns vor Verletzungen schützen. Wir fühlen uns mit diesen Verteidigungsstrategien in einer Art Sicherheit. In Wirklichkeit sind sie Barrieren, die wir zwischen uns und denen aufbauen, die wir am meisten ersehnen. Wir denken, dass wir ein ziemliches Risiko mit dieser neuen Beziehung eingehen, wenn wir uns einer anderen Person öffnen. Wir fühlen uns schutzlos und verletzbar und neigen dazu zu glauben, je mehr wir etwas für jemanden empfinden, desto schlimmer können wir verletzt werden.

Diese Überzeugung kann von einer traumatischen, emotionalen Erfahrung in der Vergangenheit herrühren, zum Beispiel einem Betrug oder einer Scheidung. Manche fürchten schon eine Verletzung, nur weil sie die Geschichte einer tragischen Liebe eines anderen gehört haben, gewöhnlich von einem Familienmitglied oder einem Freund. Sie malen sich mit Schrecken aus, emotional tief verwickelt zu sein und stellen sich das furchtbarste Szenario vor, wenn sie sich verlieben sollten.

Wir bekommen es auch mit dem ungebetenen Gast zu tun, wenn wir Schwierigkeiten haben zu glauben, irgendjemand könne sich wirklich für uns interessieren. Das hat gewöhnlich mit dem zu tun, was uns in der Kindheit beigebracht wurde oder was wir uns damals selbst eingeredet haben, indem wir Kritik von Eltern oder anderen Erwachsenen erfuhren. Oder wir haben das Gefühl, dass sie von sich selbst hatten, auf uns übertragen. Wenn uns dann jemand ganz anders betrachtet, liebevoll und anerkennend auf uns zukommt, fühlen wir uns sogar unbehaglich und wehren ab, weil dadurch all das plötzlich infrage gestellt wird, was wir lange Zeit von uns dachten.

Wir identifizieren uns stark mit dem Bild, das wir von uns selbst haben und halten daran fest, egal, was uns im Leben widerfährt.

Viele von uns fürchten das Gefühl tiefer Emotionen. Da die Liebe unsere Emotionen weckt, erleben wir ein ganzes Spektrum von Gefühlen – von überwältigender Freude bis hin zu Traurigkeit. Dann betäuben wir uns lieber, als dass wir Trauer empfinden wollen. Wenn wir das aber tun, machen wir uns auch gegen Freude gefühllos.

Da sind diejenigen unter uns, die fürchten, einen geliebten Menschen zu verlieren und würden deshalb lieber gar keine Liebe erleben, als sie zu empfinden und dann zu verlieren. Vielleicht haben sie einen tragischen Verlust von jemandem in der Vergangenheit erlebt oder auch nicht.

Wenn wir uns verlieben, konfrontieren wir uns nicht nur mit der Angst unseren Partner zu verlieren, sondern wir erleben deutlicher unsere eigene Existenzangst. Unser Leben hat jetzt einen ganz anderen Sinn, und so ist auch der Gedanke, es zu verlieren, viel beängstigender. Es kann passieren, dass wir unsere glückliche Beziehung sabotieren, Streit mit unserem Partner anfangen oder sogar die ganze Beziehung beenden, weil wir vielerlei Gründe finden, warum wir sie nicht weiterführen sollten.

Leute, bei denen die Angst, emotional verletzt zu werden besteht, können zahllose schwerwiegenden Syndrome entwickeln, die ihr Leben schließlich kontrollieren und jede ihrer Chancen auf eine glückliche Verbindung zerstören.

Sie leiden plötzlich unter allen möglichen Symptomen wie Übelkeit, Atemnot oder sie schwitzen übermäßig. Sie sind anfällig für Panikattacken, wenn immer sie meinen, es bestehe die „Gefahr", mit jemandem enger zu tun zu haben oder, noch „schlimmer", eine tiefere Beziehung mit jemandem Besonderen zu beginnen.

Philophobie (vom griechischen philos = geliebt, liebend und phobos = Angst) ist ein Zustand, in dem sich ein Mensch befindet, der die irrationale Angst hat, sich zu verlieben. Menschen mit Philophobie ziehen es vor, bis ans Ende ihrer Tage Single zu bleiben.

Sie vermeiden zum Beispiel auch, sich romantische Filme anzuschauen und halten sich von Plätzen fern, an denen sich gewöhnlich Pärchen treffen. Einer Hochzeitszeremonie beizuwohnen kann für sie zu einer wahren Tortur werden. Und wenn nichts gegen diese Furcht unternommen wird, kann ihre Philophobie dazu führen, dass sich diese Menschen völlig aus den sozialen Leben zurückziehen.

Wie wird man diesen ungebetenen Gast los, bevor er unser Leben bestimmt?

Schritt 1: Finde heraus, welches die Hauptbefürchtungen sind, wenn du dich verliebst oder verliebt bleibst?

Anmerkung: Es empfiehlt sich, deine Gedanken aufzuschreiben, um deine Gefühle besser analysieren zu können. Wenn du etwas zu Papier bringst, bekommst du eine bessere Perspektive und es hilft, nicht emotional, sondern rational an das Ganze heranzugehen.

Schritt 2: Denk zurück an deine letzte Beziehung, wenn du eine hattest: Worüber hast du mit deinem Partner/deiner Partnerin gestritten?

Welche Gefühle/Gedanken haben dich deinem Partner/deiner Partnerin gegenüber so besonders reagieren lassen?
Oder – wenn du in der Vergangenheit keine ernsthafte Beziehung hattest:

Welche negativen Geschichten hast du über unglückliche oder tragische Beziehungen gehört? Wie hast du dich dabei gefühlt? Hast du geglaubt, etwas Ähnliches könnte dir auch passieren?

Noch einmal: Schreib deine Gedanken und Schlussfolgerungen auf.

Schritt 3: Denk zurück an deine Kindheit und erinnere dich daran, was deine Eltern/Pfleger von sich selbst dachten:

Hatten sie sehr wenig Selbstbewusstsein und glaubten nicht, Freude im Leben verdient zu haben?

Erinnere dich, welches Bild du von dir selbst in frühen Jahren vor Augen hattest.

Wurde dir beigebracht, dass es Liebe nicht einfach so umsonst gibt, und dass sie verdient sein will?

Wurdest du oft kritisiert? Wurde dir gesagt, dass du nicht gut genug bist?

Schreib die Antworten zu diesen Fragen auf.

Schritt 4: Besprich deine Bedenken mit jemandem, dem du vertraust, einem Freund, der dir wohlwollend begegnet. Oder – wenn du in einer Beziehung bist, besprich deine Bedenken mit deinem Partner. Ja, es ist ein großer Schritt, deine verwundbare Stelle zu zeigen. Aber liebevolle Kommunikation kann deine Beziehung wahrhaft festigen, und du wirst erstaunt sein, wie viel Macht wir besitzen, wenn wir verwundbar sind. Liebe IST eine gewaltige Macht. Wir neigen dazu das zu vergessen, aber so ist es. Deine Offenheit und Bereitschaft, über deine Befürchtungen zu sprechen, können helfen, tiefere Bindungen und Vertrauen zwischen dir und deinem Partner zu entwickeln. Es ist wichtig, dass ihr beide während der Besprechung ruhig bleibt. Schlage zum Beispiel vor, dass ihr abwechselnd redet und zuhört, ohne den anderen zu unterbrechen.

Du kannst etwa mit folgendem anfangen: „Ich glaube, dass die Probleme in meiner letzten Beziehung (oder die Probleme, die zwischen uns herrschen) durch meine Ängste vor der Liebe verursacht werden. Wärest du bereit, mit mir darüber zu reden?"

Wir werden im nächsten Kapitel noch über Kommunikation sprechen, und ich teile einige Geheimnisse darüber mit euch, wie Patrick und ich es geschafft haben, damit es in unserer eigenen Beziehung klappt.

Schritt 5: Hinterfrage deine negativen Gedanken und arbeite daran, positive Gedanken über die Liebe zu entwickeln.

Ja, wir riskieren etwas, wenn wir jemandem unser Herz öffnen. Wir werden verwundbar und ja, – alles Mögliche kann geschehen und wir können verletzt werden. Das ist das Leben.

Wenn wir jedoch die Angst vor den emotionalen Verletzungen das Ruder übernehmen lassen, sorgen wir tatsächlich dafür verletzt zu warden. Denk doch mal nach: Geben wir uns nicht die Chance, die Liebe kennenzulernen und zu teilen, heißt dass, wir berauben uns der wunderbarsten Erfahrung, die wir überhaupt haben können. Die Erfahrung, die uns helfen kann, in das hineinzuwachsen, wofür wir geschaffen sind. Die Erfahrung, die uns heilen kann von dem, was uns abhält davon, diese Person zu sein. Versagen wir uns die Liebe, verletzen wir den Teil in uns, der am kostbarsten ist: Unser wunderbares Herz.

GESPENST NUMMER 3

DIE ANGST VOR ZURÜCKWEISUNG

**Was das Gespenst für uns will, ist gesehen zu werden.
Was es damit erreicht, ist das Gegenteil.**

Dieses Gespenst unserer Vergangenheit kennt keine Gnade: Es steckt seine Nase nicht nur in unsere Beziehung, es verlangt auch alles zu kontrollieren, was wir in unserem Leben tun.

Wir sind alle schon auf die eine oder andere Weise verletzt worden. Wir wurden vernachlässigt oder vergessen. Übersehen oder fallen gelassen. Für wertlos erachtet oder weggestoßen. Nicht anerkannt oder ausgelacht. Unsere Träume wurden zerstört oder uns wurde der Job gekündigt.

Was sind unsere Optionen? Wie sollen wir auf ein Leben regieren, das uns scheinbar gute Gründe dafür gezeigt hat zu glauben, dass wir nicht gut genug sind und wahrscheinlich wieder zurückgewiesen werden? Sollen wir vor denen davonlaufen, die versuchen uns zu lieben? Sollen wir unsere Träume aufgeben? Mauern um uns herum aufrichten, so dass niemand und nichts hindurch kann? Aufgeben und verletzt werden?

Für viele Menschen werden die Angst vor Zurückweisung und der Wunsch akzeptiert zu werden, zum Hauptmotiv für alle Aktionen in ihrem Leben.

Weil nämlich die Angst vor Zurückweisung eine der tiefsten menschlichen Ängste ist. Wir sind biologisch ausgestattet mit der Sehnsucht nach Zugehörigkeit und wir fürchten uns davor, kritisch betrachtet zu werden.

Zurückgewiesen zu werden fördert unsere wesentlichen Ängste. Als menschliche Wesen waren wir nur durch die Unterstützung und den Schutz anderer überlebensfähig. Menschliche Babies sind hilflos und brauchen viele Jahre lang Schutz, damit sie heranreifen und überleben können. Menschen in früheren Zeiten konnten nur in Gruppen/Sippen bestehen. Einem Menschen, der allein zurückgelassen wurde, war der Tod sicher – gewöhnlich wurde er von wilden Tieren gefressen, ohne in der Lage zu sein, sich zu schützen oder zu verteidigen.

Und so wurden wir ängstlich bemüht, nicht isoliert und ungeschützt zu sein.

Die Zeiten haben sich geändert und die Zivilisation hat uns mit vielen Werkzeugen/Möglichkeiten ausgestattet, die wir zum Überleben gebrauchen können. Unsere Angst vor Zurückweisung aber ist geblieben.

Wovor fürchten wir uns wirklich?

Vielleicht bestätigt die Zurückweisung das, was wir von uns selbst fühlen: Dass wir nicht liebenswert sind, nicht gut genug, zum Alleinsein verdammt, nicht anerkannt. Kurz: Wir sind nichts wert.

Die Furcht vor Zurückweisung wird oft zu einer Prophezeiung, die sich selbst erfüllt.

Gejagt von der Angst vor Zurückweisung sabotieren wir unsere eigenen Anstrengungen und Beziehungen, werden weniger durchsetzungsfreudig, verstecken uns vor dem Leben und streben nicht nach unseren Träumen.

Die Angst vor Zurückweisung nimmt nicht durch unsere Erfahrungen von uns Besitz, durch die wir gegangen sind, sondern weil wir nicht wissen, wie wir mit einer Situation umgehen sollen, in der wir zurückgewiesen oder kontrolliert werden.

Es ist sehr wichtig zu unterscheiden – eine Grenze zu ziehen – zwischen Sein und Verhalten.

Die meisten von uns wuchsen in einer gestörten Gesellschaft oder Familie auf, in der wir gelernt haben, den Wert anderer und uns selbst nach etwas zu beurteilen, das außerhalb von uns selbst seine Basis hatte.

Wir wurden dazu angehalten zu glauben, dass geliebt zu werden von unserem Verhalten abhing. Wenn wir uns nicht so benahmen, wie unsere Betreuer (oder die Gesellschaft) von uns erwarteten, wurde uns die Liebe verweigert, was bedeutete, dass wir schlecht waren. Andererseits wurde jemand, der sich gesellschaftskonform verhielt, als gute Person bezeichnet und auf vielerlei Weise belohnt.

Es ist überaus wichtig unseren Wert nicht von den Standards unserer gestörten Gesellschaft oder der Familie abzuleiten, die uns lehrte, wie schändlich es ist, ein unvollkommener Mensch zu sein.

Jeder Mensch ist gleich wichtig und speziell. Einer unter Milliarden.

Doch oft fühlen wir uns im Grunde unseres Herzens schlechter als andere und meinen, weder Liebe noch Glück oder Erfolg zu verdienen. Aber es ist nicht unser Betragen, sondern die Essenz dessen, wer wir sind, die uns alle gleich kostbar und liebenswert macht. Deshalb sind wir würdig, ein wunderschönes Leben zu führen.

Was können wir gegen die vergiftende Schändlichkeit tun, die uns lehrt, wir seien nicht gut genug und wie werden wir den ungebetenen Gast los, die Furcht vor Zurückweisung?

Schritt 1: Schau in dich hinein:

Welche Art von Glaubenssätzen bestimmt dich dazu, über dich und andere zu urteilen? Basieren sie auf Erwartungen/Forderungen von Standards der Gesellschaft oder der Familie?

Welche Handlungen waren die Folge deiner Glaubenssätze oder was hast du ihretwegen unterlassen?

Schreib deine Antworten auf Papier. So ist es einfacher, Abstand von deinen Gedanken und Gefühlen zu bekommen.

Schritt 2: Denk zurück an deine Vergangenheit – wie hast du dich bei Zurückweisung gefühlt?

Hast du dich geschämt? Warst du enttäuscht? Wertlos? Oder warst du vielleicht vor Angst gelähmt, so dass du dich entschlossen hast, nicht noch einmal zu versuchen zu erreichen, was du dir so sehnlich wünschtest?

Noch einmal: Schreib deine Gedanken auf.

Schritt 3: Denk zurück an deine Kindheit:

Erinnerst du dich daran, wie alles angefangen hat? Gibt es besondere Situationen, die in deinem Gedächtnis geblieben sind oder war es insgesamt eine Atmosphäre, die dich zu deiner Haltung gegenüber dem Leben bewogen hat?

Dies ist sehr wichtig: Du musst herausfinden, was dich in der Vergangenheit beeinflusst hat und wie, um zu verstehen, dass das, was dir geschehen ist, tatsächlich in der Vergangenheit WAR.

Erinnere dich: Gestattest du, dass ein Erlebnis aus der Vergangenheit dich in der Gegenwart beeinflusst, erlaubst du einer b l o ß e n Erinnerung, die Angst und den Schmerz aufrechtzuerhalten.

ES IST NUR EINE ERINNERUNG. In der Gegenwart existiert sie nur in deinem Kopf.

Schritt 4: Versprich dir in dein Herz zu schauen, um dort zu finden, was du brauchst.

Wenn wir aufhören von anderen etwas zu erwarten, was sie uns nicht geben können, werden wir alles in uns finden, was wir brauchen. Das bedeutet nicht selbstsüchtig sein zu müssen, um von innen geliebt zu werden.

Es geht nicht darum selbstsüchtig zu sein. Es geht nicht um Stolz des Egos und darum, sich besser zu fühlen als andere. Es ist wichtig, unseren eigenen Wert zu erkennen und aufzuhören, uns nach der Anerkennung anderer zu verzehren, während wir vergessen, dass wir wie jeder andere einzigartig sind. Nicht besser und nicht schlechter. Wie jeder andere sind wir wunderschön und speziell.

Unsere Freude ist nicht der Preis in einem „Lebenswettbewerb".

Solch einen Wettbewerb gibt es nicht. Es ist nur etwas, das wir immer in unseren Köpfen wiederholen. Freude jedoch ist unser Geburtsrecht. Wir müssen es nur akzeptieren.

Schritt 5: Stell deine negativen Gedanken infrage und arbeite daran, positive Gedanken über dich zu denken. Es dauert NUR sechs Wochen, um dein Unterbewusstsein umzuprogrammieren, und es gibt hilfreiche Werkzeuge, die man benutzen kann (mehr dazu am Ende des Kapitels). Wenn du dann deine positive Haltung sechs Monate aufrecht erhältst, wird sie zu deinem Lebensstil. Es ist möglich! Wenn andere es konnten, können wir es auch.

Schritt 6: Nimm freudig dein Leben an – atme tief ein und genieße jeden Tag. Erinnere dich daran, dass Freude im Leben nicht abhängt von irgendwelchen äußeren Umständen.

Das Leben ist ein Paket aus den verschiedensten Erfahrungen. Sie alle sind wunderbare Geschenke, die uns befähigen, bessere, schönere und bewusstere Menschen zu werden.
Unser Leben ist eine Reflexion dessen, was wir noch werden. Es ist also wichtig, es in vollen Zügen zu leben und ein offenes Herz zu haben. Egal, was geschieht, ob wir nun zurückgewiesen oder verletzt werden.

Niemand kann glücklich bleiben, wenn er von dem davonläuft, was das Leben zu bieten hat.

Jeder Tag bietet eine neue Gelegenheit, unsere Erfahrungen zu akzeptieren und uns dran zu freuen – eifrig, mutig, würdevoll und voller Lebenslust.

Es ist gut, wenn wir unsere Dankbarkeit für die Geschenke des Lebens in jeder Weise zum Ausdruck bringen, die uns einfällt und daran zu denken, dass das Morgen uns noch mehr Geschenke bereithält. Noch mehr von den einzigartigen Erfahrungen, die genau auf uns zugeschnitten sind, so dass wir weiterwachsen und werden, was wir werden.

GESPENST NUMMER 4

DIE ANGST DIE FREIHEIT ZU VERLIEREN

Während die Mehrzahl von uns sich nach einer liebevollen, erfüllenden Beziehung sehnt, fürchten einige eine intime Beziehung.

Wir neigen dazu, diejenigen, die davor zurückschrecken sich einzulassen, für unreif zu halten oder sie sind in unseren Augen nicht Willens, Zugeständnisse zu machen.

Was aber, wenn unser Urteil ganz falsch ist? Was, wenn die wahre Angst nicht daher kommt sich einzulassen sondern daher, etwas zu verlieren?

Menschen, die vermeiden sich zu verpflichten und vor intimen Beziehungen zurückschrecken, befürchten vielmehr „sich zu verlieren", oder „ihre Freiheit zu verlieren".

Wenn wir uns auf eine andere Person einlassen, auf eine Karriere, auf Kinder oder sogar auf ein Mietverhältnis, binden wir uns für eine bestimmte Zeit an etwas. Wir alle wissen oder haben gehört von

Menschen, die von ihrem Job „geschluckt" wurden oder die in ihrer Ehe verloren zu gehen schienen.

Uns zu verlieren ist ein Angst einflößender Gedanke. Es ist jedoch nicht unabwendbar. Tatsächlich brauchen wir, um das Glücklich sein aufrecht zu erhalten, während wir in einer Beziehung sind, Klarheit darüber, wer wir sind. Wir müssen das kennen, was für uns nicht verhandelbar ist, darlegen, wo unsere Grenzen sind und an unserer Wahrheit festhalten.

Unsere Freiheit ist sehr kostbar für uns. Diese Aussage kann aber missverstanden werden. Manchmal denken wir, wir möchten in einer Welt ohne Grenzen leben – in Wirklichkeit wollen wir die Grenzen kennen und wissen, dass sie flexibel sein können. Totale Freiheit geht einher mit einem Gefühl von Trennung und macht uns oft einsam. In der Beziehung sind wir Teenagern nicht unähnlich, wenn sie ihre Grenzen austesten, um herauszufinden, ob sie geliebt werden und man sich um sie kümmert.

Wir alle wissen, dass wahrscheinlich das beste Gefühl von allen ist, in einer liebevollen Beziehung zu sein. Viele von uns brechen trotzdem aus einer Langzeitbeziehung und sogar aus einer Ehe aus, weil sie um den Verlust ihrer Freiheit fürchten.

Der Unwille sich einzulassen, die Zögerlichkeit eine Beziehung einzugehen oder ähnliches, festigt nicht auf Dauer unsere Freiheit. Wahre Freiheit bedeutet nicht tun zu können, was immer wir wollen, wann wir es wollen, sondern auf unser Herz zu hören. Freiheit kommt, wenn wir frei zu entscheiden imstande sind – nicht dadurch, dass wir aus Furcht der Entscheidung ausweichen. Wenn zwei Menschen in einer Beziehung Eins werden und beide die Wahl haben „ja" zu sagen – kann Freiheit in dieser Einheit verwirklicht werden. Man kann also in jedem

Fall eine liebevolle, erfüllende Beziehung haben, ohne seine Freiheit zu verlieren.

Hier einige einfache Schritte, seine Freiheit in einer liebevollen, fürsorglichen Beziehung zu erhalten:

Schritt 1: Lass zu, dass ihr beide verschieden seid.

Keine zwei Menschen auf der Welt sind gleich. Wir alle sind mit verschiedenen Zügen geboren, die uns zu einer individuellen Persönlichkeit verhelfen, während wir aufwachsen. Das dürfen wir niemals vergessen und auch nicht, dass gerade diese Unterschiede zwischen unseren Partnern und uns die wichtigsten Faktoren in unserer Beziehung sind, die uns zu Wachstum verhelfen. Und ist es schließlich nicht viel amüsanter mit jemandem die Zeit zu verbringen, der uns nicht genau gleicht?

Schritt 2: Lasst euch gegenseitig Raum, persönlichen Platz.

Jede Ehe oder Langzeitbeziehung braucht einen gewissen Raum, um zu wachsen und zu gedeihen. Wir reden nicht davon, eine Distanz zwischen euch beiden zu schaffen. Aber den Partner/die Partnerin ständig zu fragen, was er/sie gerade tut, ist wie sie/ihn unter einen Scanner zu setzen. Beide müssen sich frei fühlen den Tag zu genießen, ob bei der Arbeit oder zu Hause. Und dann die Erlebnisse des Tages miteinander zu teilen schafft ein kostbares Ritual, das man für einander kreieren kann.

Schritt 3: Vergiss nicht, dass ihr beide das Recht habt unvollkommen zu sein.

Richtig! Niemand ist perfekt. Obwohl es hart sein kann, die sogenannten „schlechten Angewohnheiten" des anderen zu akzeptieren, ist es entscheidend wichtig, über die Fehler zu reden. Gebt euch die Chance über eure Mangelhaftigkeit zu lachen. Das kann Wunder wirken.

Schritt 4: Versichere dich, dass ihr beide zu Kompromissen bereit seid und euch in der Mitte treffen wollt.

Ihr beide werdet euch verändern, egal was geschieht. Beziehungen bewirken Veränderungen und Wachstum. Zu erwarten, dass nur dein Partner sich anstrengt, ist nicht nur unfair, sondern auch unrealistisch. Es ist sehr wichtig für beide Seiten, auf die eine oder andere Weise Kompromisse zu schließen, sodass beide wachsen können. Das unwissentlich zu missachten stellt sich bei manchen Paaren oft als Fehler heraus. Wir alle machen Fortschritte, wenn wir durchs Leben gehen, und Beziehungen sind eine großartige Gelegenheit dafür.

Schritt 5: Genieße deine Freiheit zu lieben.

Feiere deinen Partner und feiere deine Liebe. Es ist ein weiterer, großer Fehler, unsere Geliebte/unseren Geliebten und unsere Beziehung als selbstverständlich hinzunehmen. Es gibt keine Regel dafür, wie oft wir sagen müssen oder wollen „ich liebe dich", wie oft wir einander mit liebevollen Gesten überraschen sollen, mit Geschenken oder irgendetwas, das unsere Liebe ausdrückt. Liebe in einer Beziehung wird zu unserem Lebensstil, so wie wir uns gegenseitig genießen, ehren und wertschätzen wollen.

Wenn das Teilen und Zelebrieren der Liebe uns ganz erfüllt, so ist das die Basis einer wahrhaft liebevollen Beziehung.

Am Ende dieses Buches findest du einige Vorschläge „Nur so zum Spaß", die dich und deinen Partner/Partnerin vielleicht zu noch mehr liebevollen Interaktionen in deiner Beziehung inspirieren werden. Ja, hab Spaß! Je mehr Spaß ihr zusammen habt, desto mehr genießt du die Freiheit zu lieben.

GESPENST NUMMER 5

DIE ANGST VOR UNZULÄNGLICHKEIT

Fest verbunden mit der Angst vor Ablehnung ernährt sich der „Zwillingsbruder Unzulänglichkeit" von unserer Selbstwahrnehmung.

Als Kind hast du wahrscheinlich mehr als einmal eine Situation erlebt, in der es hieß, du seist nicht gut genug oder hast etwas nicht gut genug gemacht.

Das ist uns allen passiert. Warum nun bewegten sich manche vorwärts, ohne an dem Urteil festzuhalten, sie seien mangelhaft, während andere fürchten, niemals gut genug ein Leben zu führen, das sie sich wünschen?

All das hängt davon ab, welches Bild von uns selbst wir im Kopf haben. So wie wir programmiert worden sind oder uns aufgrund unserer Erfahrungen und Überzeugungen selbst programmiert haben, ist es dort fest verwurzelt. Vor allem aber schwingt mit, wer wir bis dahin geworden sind.

Was du über dich selbst denkst, beeinflusst dein Denken, dein Verhalten, wie du funktionierst und wofür du dich im Leben stark machst.

Hast du je das Gefühl gehabt, den Anforderungen nicht gerecht zu werden?

Warst nicht sicher, ob du liefern kannst, was verlangt wird?

Hast dich gefühlt, als wachse dir alles über den Kopf?

Das Gefühl nicht gut genug zu sein, übernimmt gewöhnlich die Regie, wenn im Unterbewusstsein negative Erinnerungen aus der Vergangenheit abgespeichert sind.

Immer wenn etwas in deiner Gegenwart geschieht, das diese Erinnerungen aktiviert, kommt deine Angst vor Unzulänglichkeit an die Oberfläche.

Wann hat das alles angefangen? Sobald wir uns – ohne Einfluss von unserer Mutter oder unseren Betreuern – als Individuum wahrnehmen, fangen wir an, ein Bild von uns selbst zu kreieren.

Jede Erfahrung, die wir im Leben haben, erschafft neue, unterbewusste Überzeugungen über uns.

DIE GUTE NACHRICHT IST, dass das Bild, das wir von uns haben, nicht in Stein gemeißelt ist. Es kann sich aufgrund unserer Lebenssituation verändern, so wie sich unser Status oder unsere Position, ja sogar unsere Laune verändert. Wenn wir uns hervorragend fühlen, sehen wir uns auf dem Gipfel der Welt. Wenn wir in trostloser Stimmung sind, sieht alles grau aus.

Die Angst vor Unzulänglichkeit ist nichts anderes, als die Angst vor dem Schwarzen Mann, an den wir immer noch glauben.

Wenn wir, aus welchem Grund auch immer, nicht in der Lage sind, die Erfahrungen der Vergangenheit von den Ereignissen der Gegenwart zu trennen, lassen wir noch immer zu, dass dieser ungebetene Gast uns heimsucht.

Dieses Gespenst aus der Vergangengheit hat nicht den Mut, sich zu wehren. Deshalb braucht es einen Zwillingsbruder (die Angst vor Zurückweisung). Beide nähren sich an unserem mangelnden Selbstwertgefühl.

Denk daran: Du kannst dein Wahres Selbst betrachten oder nur deinen Schatten.

Wie vertreiben wir diesen ungebetenen Gast aus unserer Beziehung?

Schritt 1: Erkenne und gib vor dir selbst zu, dass du glücklich und voller Freude auf die Welt gekommen bist. Du hast dich in keiner Weise unzulänglich gefühlt und dich natürlicherweise an deinem Leben erfreut. Du glaubtest, dass du fähig, liebenswert und gut genug bist.

Schritt 2: Erkenne und gib vor dir selbst zu, dass du fähig bist alles zu lernen, was du willst u n d es auch wieder zu vergessen. Es liegt an dir, welches Muster du bewahrst und welches du vergessen willst.

Schritt 3: Erkenne und gib vor dir selbst zu, dass der Vergleich deiner eigenen Situation mit der der andern völlig sinnlos ist und dich in keiner Weise weiterbringt. Du bist ein einzigartiger Mensch, einer von Milliarden, und ebenso ist die Geschichte deines Lebens.

Im Kern unseres Seins als menschliche Wesen sind wir alle gleich. Wir alle machen Fortschritte, wir alle brauchen und suchen Liebe, wir alle durchlaufen den gleichen Kreislauf der Evolution – ob nun individuell oder global betrachtet. Doch wie wir unseren gemeinsamen „Kern" ausdrücken, wie wir uns und unser Leben gestalten, wie wir, basierend auf unserem „Kern", unsere Erfahrungen verarbeiten, wie wir mit unserem Körper, unserem Geist und unseren Emotionen umgehen – das ist absolut einzigartig.

Keine Umstände, keine Stimmungen, keine emotionalen Wunden können dich deiner Würde und deiner Lebensfreude berauben. In jedem von uns residiert unser angeborenes, natürliches Glücksgefühl. Wenn wir uns der Kostbarkeit unseres Lebens bewusst werden, können wir dieses angeborene Glücksgefühl in uns finden und allem widerstehen, was uns runterzieht.

Wenn wir die Schönheit und Wichtigkeit unserer Existenz erkennen, verändern und erweitern wir das Bild von uns selbst. Wir anerkennen an, schätzen und respektieren, wer wir geworden sind und wer wir sein werden.

DU BIST MEHR ALS VOLLWERTIG.

Du bist kostbar. Du bist wunderschön. Du wirst geliebt – von der Natur, von dem Planeten, von deinem nächsten Atemzug. Lass dir nichts anderes erzählen.

Schritt 4: Hör auf, in deinem Kopf schlecht über dich zu reden. Denk nicht mehr: „Was bin ich für ein dämlicher Idiot" oder „Das kann ich nicht" oder „Das ist mir zu schwer", etc. Es dauert eine Weile, aber du schaffst das! Alles, was du gelernt hast, kannst du auch wieder vergessen.

Jedes Mal, wenn dir ein negativer Gedanke in den Kopf kommt, sage dir: „Das ist nur ein Gedanke, und Gedanken können verändert werden".

Ersetze jene Gedanken. Sage dir stattdessen: „Ich kann alles herausfinden, wenn ich darüber nachdenke" oder: „Ich bin imstande zu lernen, wie man Dinge tut, wenn ich will" oder: „Ich brauche nicht mutlos zu werden, wenn es mal schwierig wird", etc.

Schritt 5: Jedes Mal, wenn du merkst, dass der Schwarze Mann zurückkommt, erinnere dich daran, dass das, was du fühlst, lediglich Emotionen sind, die mit Erfahrungen aus der Vergangenheit zu tun haben. Das sind nur negative Erinnerungen, die in der Gegenwart die Regie übernehmen. Sage dir: „Genug ist genug! Ich kreiere mir jetzt neue, fröhliche Erinnerungen. Der Schwarze Mann kriegt mich nicht

mehr. Darüber bin ich hinaus. Dies ist mein neues Ich: Fähig und gut genug!"

GIBT DICH NICHT AUF. AUCH NICHT DAS RECHT ZU LIEBEN, ODER GELIEBT ZU WERDEN.

Liebe ist Energie. Sie urteilt nicht.

Einer ihrer wunderschönen Aspekte ist Gleichheit (Ebenbürtigkeit). Lasst uns sein, was wir sind, ohne unseren Wert infrage zu stellen.

GESPENST NUMMER 6

DIE ANGST VOR EINSAMKEIT

Sie will immer unsere Hand halten.

Sie will sie bis zum bitteren Ende nicht loslassen.

Der Gedanke, ganz alleine auf der Welt zu sein ist voller Schrecken für die meisten Menschen. Und obwohl „alleine" nicht „einsam" bedeutet, denken viele, wenn sie sich an jemanden hängen, es garantiere irgendwie ihre Sicherheit.

Was daraus folgt, ist, dass viele in eine Beziehung „springen", ohne eine Ahnung davon zu haben, wie man liebt, und wie eine glückliche Beziehung zustande kommt. Deshalb wechseln manche von einem Partner zum anderen, ohne zur Ruhe zu kommen oder sie geben sich mit einer nicht funktionierenden Beziehung zufrieden – voller Bedauern, Schuldzuweisungen, Machtkämpfen, Mangel an Respekt dem anderen gegenüber und sind kreuzunglücklich.

Aus vielerlei Erzählungen, Filmen und aus der Literatur haben wir erfahren, dass wir nur durch die Gegenwart einer anderen Person in unserem Leben die Leere, die wir in uns empfinden, lindern und uns ganz und wertvoll fühlen können. Mit einem solch festen Muster verlieren wir das Vertrauen zu uns selbst. Wir glauben tatsächlich, dass wir niemals aus eigener Kraft vollständig sein können, es sei denn, da gibt es jemanden, der uns für kostbar und seiner Liebe und Aufmerksamkeit für wert erachtet.

Während eine glückliche Beziehung für ein menschliches Wesen das Wunderbarste ist, das ihm passieren kann, ist das Suchen nach Liebe aus den oben erwähnten Gründen völlig irrational und führt nur zu Enttäuschungen und emotionalen Wunden.

Die Wahrheit ist, dass niemand anderes das Heilmittel sein kann, wenn wir mit uns selbst oder dem Leben unzufrieden sind. Die Wahrheit ist, dass wir für unser Glücklich sein selbst verantwortlich sind, und es ist nicht die Aufgabe unseres Partners/unserer Partnerin oder der anderen Ehehälfte uns glücklich zu machen. Wenn wir von ihnen erwarten, was sicherlich nicht ihre Aufgabe ist, werden wir unglücklich mit ihnen und unsere Beziehung wird zu einem Problem.

Anstatt uns im Licht der Liebe zu wärmen, finden wir uns auf dem Kampfplatz wieder, auf dem wir mit dem Menschen kämpfen, den wir eigentlich lieben wollten.

Und dann, in unserer Angst allein zu sein, suchen wir entweder nach einer anderen Person, die als Pflaster für unser Unglück fungieren soll oder wir bleiben in der vergifteten Beziehung, während wir mancherlei Ausreden für die Verlängerung unseres Unglücks erfinden, wie zum Beispiel „Es ist wirklich nicht die richtige Zeit, fortzugehen" oder: „Ich tue das für meine Kinder" oder: „Es ist besser mit jemandem zu sein, als mit niemandem".

Wo ist es falsch gelaufen?

Die Antwort ist denkbar einfach: Anstatt eine wunderschöne Umgebung zu schaffen, in der die Liebe gedeihen kann, sind wir der Liebe nachgejagt, um nicht alleine zu sein. Um eine erfüllende und liebevolle Beziehung aufzubauen, müssen wir herausfinden, wie wir vollständig werden können. Und dann können wie unsere Vollständigkeit mit unserem Partner teilen, anstatt von ihm/ihr zu erwarten, dass er/sie uns vollständig macht.

Wir brauchen uns nicht einsam zu fühlen, wenn wir alleine sind.

Alleine sein und Einsamkei sind zwei ganz verschiedene Dinge.

Ich weiß, dass es für die meisten von uns gar nicht so einfach ist den Unterschied zu verstehen, weil wir dauernd mit irgendetwas beschäftigt sind. Entweder ist es die Arbeit oder wir verfolgen unsere Ziele oder wir füllen unsere Freizeit mit den verschiedensten Unterhaltungsmöglichkeiten, angefangen beim Fernsehen/Internet bis hin zu gesellschaftlichen Ereignissen oder Büchern, etc.

Da wir als menschliche Wesen immer nach Liebe und Gesellschaft streben. streben, brauchen wir andererseits Zeit, in der wir alleine sind, um uns zu entwickeln und um in unsere eigene Kraft hineinzuwachsen, damit wir ganz werden. Wir müssen herausfinden, wer wir wirklich sind, und was wir der Welt zu bieten haben. Das ist nicht paradox. Es liegt in unserer Natur.

Erinnere dich: Wir fühlen uns nur dann einsam, wenn wir unser Glück nicht in uns selbst finden.

Bevor du dich entschließt nach Liebe zu suchen oder wenn du schon in einer Beziehung bist, aber nicht das Gefühl hast, du bekommst genug Liebe von deinem Partner/deiner Partnerin, hör auf, sie von ihm/ihr zu verlangen. Denk über die Möglichkeit nach zu lernen, wie du von dir aus glücklich werden kannst.

Ich war einige Jahre lang ohne Partner, bevor Patrick und ich uns ineinander verliebten. Ja, ich hatte meine wunderbaren Freunde, aber mein Schreiben und meine Filmprojekte nahmen fast all meine Zeit in Anspruch. Produzentin und Regisseurin zu sein ist sehr anspruchsvoll und erfüllend. Man fühlt sich nicht einsam und hat auch wenig Neigung, in einer Beziehung zu sein.

Als ich es am wenigsten erwartete mich zu verlieben, trat Patrick in mein Leben und fand einen Weg in mein Herz. Keiner von uns beiden suchte nach einem Partner, um sich ganz zu fühlen. Wir waren zwei vollständige Menschen, die sich entschlossen, zusammenzuleben und zusammen glücklich zu ein.

Unsere Verbindung entwickelte sich auf so erfreuliche Weise, dass es schließlich keine andere Option für uns gab als die Liebe, die zwischen uns wuchs, miteinander zu teilen.

Wenn wir bereit sind, wahre Liebe in unser Leben einzulassen, ist es gut sich zu erinnern, dass unser inneres Glücksgefühl ein Wahrheitsbarometer ist. Es wird uns immer sagen, was wir wissen müssen: Ist das Gefühl, das wir haben aufrichtig oder sind wir bloß bedürftig, weil wir alleine sind?

Wahre Liebe kann nicht aus Angst hervorgehen. So funktioniert sie nicht.

Wenn wir für die Liebe bereit sind, wird sie kommen.

Wenn Angst unser Ausgangspunkt ist, verstärkt sie sich noch. Das ist die Wahrheit.

Hier noch einige einfache Schritte, den ungebetenen Gast loszuwerden – die Angst vor Einsamkeit:

Schritt 1: Werde unabhängig.

Um das innere Glück zu finden, müssen wir uns weniger abhängig von anderen machen und uns mehr auf uns selbst verlassen. Das ist in jedem Fall gut für uns, ob wir nun in einer Beziehung sind oder alleine leben.

Versuche alleine aktiv zu werden, bevor du um Hilfe bittest oder willst, dass jemand mit dir zusammen ist. Wenn du beispielsweise vorziehst, in Begleitung auf eine Party zu gehen, in den Supermarkt, ins Theater oder ins Konzert, etc., versuche es jetzt mal alleine. Es kann interessant sein herauszufinden, wie du dich allein unter Menschen fühlst und Kontakt mit Fremden knüpfst oder wie du die Unterhaltung genießen kannst, ohne deine Gefühle und Gedanken zu teilen.

Schritt 2: Erkunde deine Interessen.

Dinge zu tun, die du zuvor noch nie getan hast, kann viel Spaß machen. Unternimm sie alleine. Vielleicht ist es zunächst schwer, vor allem wenn du extrovertiert und gerne unter Menschen bist. Aber je mehr du dich darin übst, dich deinen Interessen zu widmen, desto leichter wird es mit der Zeit.

Es gibt so vieles in der Welt zu erforschen: Von der Kunst über das Kochen, Tanzen, ein Instrument spielen bis hin zu Fahrrad fahren, von der Pflege von Tieren bis hin zum Gärtnern oder Reisen. Es gibt so unendlich viele Möglichkeiten Dinge zu tun. Du hast die Wahl.

Schritt 3: Vergrößere deine Toleranz allein zu sein und genieße es.

Fang mit einfachen Aktivitäten an. Geh spazieren, besuch ein Lokal, kauf dir etwas Schönes oder erkunde oder erkunde unbekannte Teile deiner Stadt. Aber vermeide den Alkohol. Vermeide berauschende Substanzen, um mit deinen Stimmungen fertig zu werden. Vergiss nicht: Auf diese Weise von deinen Emotionen fliehen zu wollen schafft nur noch mehr Angst. Ruf dir immer wieder ins Gedächtnis, dass Alleinsein und Einsamkeit zwei ganz verschiedene Dinge sind. Wir können allein sein ohne uns einsam zu fühlen.

Schritt 4: Beruhige und verwöhne dich.

Allein zu sein ist eine wunderbare Möglichkeit, all unsere Aufmerksamkeit uns selbst zuzuwenden. Vermeide Schokolade, davon bekommst du nur einen Zuckerschock und du fühlst dich nach dem Rausch wieder ganz unten. Hör Musik, während du in deinem Lieblingssessel sitzt oder bereite dir ein duftendes Schaumbad und leg dich lange hinein. Kauf dir Blumen oder eine Karte für ein Fußballspiel – aber geh alleine hin. Tu, was immer nach deinem Herzen ist, während du dich wie ein König/eine Königin behandelst – natürlich ohne dich in Gefahr zu bringen oder dich zu verletzen. (Zuviel Alkohol oder Drogen zu konsumieren oder gefährliche Abenteuer zu suchen, ist kein Zeichen, sich gut zu behandeln.)

Du bist ein wunderbares menschliches Wesen und verdienst nur das Beste!

Schritt 5: Steigere dein positives Denken. Ja, das ist möglich. Immer, wenn ein negativer Gedanke dir in den Kopf kommen, sag ihm: Halt! Ersetze ihn mit einem positiven Gedanken. Vergiss nicht: Deine Gedanken gehören dir. Du kannst mit ihnen machen, was du willst.

Schritt 6: Sei aktiv! Trainiere!

Anstatt Süßes zu konsumieren, was dich noch süchtiger nach mehr Zucker macht und dir nur eine Depression einhandelt – erhöhe deinen Serotoninspiegel, indem du trainierst, dich bewegst. Unser Körper ist für die Bewegung geschaffen. Es ist leicht, das zu vergessen, wenn man gemütlich zu Hause sitzt. Ohne die nötige Bewegung versagt unser Körper vielleicht, aber das ist nicht seine Schuld.

Die beste Möglichkeit unseren Seritoninspiegel anzuheben ist ein leichtes, 5 – 10 Minuten Training, bei dem wir außer Atem und ins Schwitzen kommen, wie beim Laufen oder beim Tanzen. Leg deine Lieblingsmusik auf und tanz 5 bis 10 Minuten durch die Wohnung. Das macht dich glücklicher, als du denkst. Wenn du allerdings abnehmen willst, mach kein exzessives Training, denn das erschöpft dich und unterdrückt deine Hormone. Du nimmst sogar noch zu anstatt abzunehmen. Exzessives Training ist eher dazu geeignet, Muskeln aufzubauen.

Schritt 7: Finde heraus, wer du bist. Erkenne deine Bestimmung.

Was immer wichtig für dich ist, was du am wertvollsten in deinem Leben erachtest – setze dich dafür ein. Bestimmung kann für verschiedene Menschen etwas ganz Unterschiedliches bedeuten. Für manche hat die Karriere Vorrang in ihrem Leben. Für die einen sind es die sozialen Veränderungen oder die Hilfe für ihre Mitmenschen, die anderen geben den Familienwerten oder der Spiritualität den Vorrang. Wie du auf einer tieferen Ebene „tickst", kann interessant sein herauszufinden. Schau dir ins Herz und höre, was es dir sagt. Hab keine Angst vor deinem Herzen. Es kann niemals einsam sein, wenn du es mit Bestimmung anfüllst und dich für die Liebe öffnest.

Eins der größten Geheimnisse der Liebe ist, wenn du weißt, wie du alleine glücklich sein kannst. Dann gelingt es dir auch mit jemandem zusammen.

GESPENST NUMMER 7

DIE ANGST VORM VERSAGEN

Diese Angst gibt sich als unser Helfer aus, wenn es darum geht unsere Träume zu verraten.

Eine der häufigsten, lähmende Ängste im Leben für viele von uns ist die Angst bei dem zu versagen, was wir uns vornehmen. Oft machen wir gar nicht erst einen Versuch wegen dieser Angst. Wir verraten lieber unsere Träume, wir geben lieber unser tiefstes Verlangen nach Glücklich sein auf, als uns der erschreckenden Angst vor dem Versagen zu stellen.

Viele von uns waren schon in einer Situation, wo wir gar nicht erst einen Versuch gemacht oder nach ein paar Enttäuschungen aufgegeben haben, weil wir glaubten, sowieso verloren zu haben.

Vielleicht erinnern wir uns an Momente, wo wir unsere eigenen Versuche untergraben haben, aufgaben oder uns mit weniger zufrieden gaben, wenn es Zeit gewesen wäre vorwärts zu gehen, weil wir nur das

Bild eines riesigen Misserfolgs im Kopf hatten. Wir überzeugten uns davon, dass es besser sei, da zu bleiben, wo wir waren.

Und wir blieben. Wir bewegten uns nicht vorwärts und heute denken wir vielleicht darüber nach, was wohl passiert wäre, wenn wir es anders gemacht und Erfolg gehabt hätten.

Die Angst vor dem Versagen ist für viele gescheiterte Beziehungen verantwortlich. Sie ist Meisterin in der Selbstsabotage. Dieses Gespenst aus unserer Vergangenheit kann jederzeit zu unserem schlimmsten Alptraum werden.

Selbst wenn wir denken, wir hätten alles unter Kontrolle – alles ist vorbereitet, ein fertiger Plan liegt vor, und nun gilt es zu handeln – kann die Angst uns auf unserem Weg stoppen, uns zurückstoßen und uns gefangen halten, solange wir es ihr erlauben.

Achte auf Zeichen wie: die Unfähigkeit zu entscheiden, Perfektionismus (nur wenn du sicher bist, dass alles erfolgreich und perfekt verläuft, gehst du vorwärts), Selbstsabotage (du gehst nicht auf dein Ziel los, du findest immer eine Ausrede), von dir in einer negativen Art und Weise denken und reden (schlechte Selbsteinschätzung), ängstliche Verzögerung bei bevorstehender Veränderungen, etc.

Wenn wir entdecken, dass die Angst vorm Versagen sich in unsere Beziehung einmischt, ist es gut eins nicht zu vergessen: Es kommt immer auf die Perspektive an. Was uns in der Vorstellung Furcht einflößt, ist in der Realität vielleicht gar nicht so schlimm.

Wie werden wir die Angst vorm Versagen los?

Schritt 1: Es ist wichtig zu verstehen und zu akzeptieren, dass jede Art von Erkenntnis verändert werden kann. Wir alle kennen es zu versagen. Wir haben viele Male versagt, als wir laufen lernten. Es hat uns nicht vom Laufen abgehalten. Das gleiche gilt fürs Fahrradfahren, Schwimmen, Sprechen, Lesen, Schreiben, Kochen, etc. Wir haben oft versagt, bevor wir etwas gut konnten. Am Ende waren wir erfolgreich.

Wenn wir unserer Beziehung keine Chance geben, versagen wir sicher, bevor wir überhaupt angefangen haben. Ob wir nun fürchten zu eng mit jemandem verbunden zu sein oder, ob wir unsere eigene Beziehung sabotieren, weil wir unterschwellig das Bedürfnis haben zu versagen – es hängt von uns ab, den bösartigen Kreis zu durchbrechen, „nein" zu dem Gespenst aus der Vergangenheit zu sagen und nicht zu vergessen, dass wir wissen, wie man erfolgreich ist.

Schritt 2: Erkenne und akzeptiere, dass Versagen gar nicht so schlimm ist, es ist lediglich die andere Seite der Münze, genannt Erfolg. Wenn du eine Münze wirfst, landet sie auf einer Seite. Wenn dir nicht gefällt, welche Seite sie zeigt, wirf sie noch einmal – und noch einmal und noch einmal, bis du mit dem Ergebnis zufrieden bist. VERSAGEN IST NUR EIN SCHRITT ZUM ERFOLG.

Es ist einfach deine Anstrengung nötig, deine Ausdauer und deine Entscheidung, um zu bekommen, was du willst.

Schritt 3: Vergiss nicht, dass es immer noch jemanden anderen auf der Welt gibt, der schon die gleichen Dinge getan hat, von denen du träumst. Das heißt, es ist möglich. Ja, menschliche Wesen genau wie du, können es tun.

Und wenn du die Vorstellung hast, dass das, was du zu tun versuchst, noch nie vollbracht worden ist, vergiss eins nicht: Es gab zu allen Zeiten jemanden, der etwas zum ersten Mal getan hat.

Richtig! „Das erste Mal" wurde bereits von jemandem gemacht!

Schritt 4: Mach dir klar, dass deine Angst vor dem Versagen dich daran hindert, dein Leben glücklich und in vollen Zügen auszukosten. Sprich mit deinen Partner/deiner Partnerin oder der anderen Ehehälfte über deine Befürchtungen. Zögere nicht zuzugeben, dass du solche Ängste hast. Die Dinge beim Namen zu nennen ist schon die halbe Miete. Alles, was du danach brauchst, ist ein bisschen Mut und Unterstützung.

Schritt 5: Fang mit kleinen Schritten an und gönn dir damit den Erfolg. Wir wissen schon, dass große Schritte aus vielen kleinen Schritten bestehen. Nimm jede Hilfe in Anspruch, die du bekommen kannst, um deine Selbstachtung aufzubauen. Dein glückliches Leben wartet auf dich. Deine glückliche Beziehung wartet vielleicht um die Ecke. Du hast alles, was man dazu braucht, um dorthin zu kommen, wohin man will. Du bist phantastisch.

Deine Angst vor dem Versagen hält deinem Mut nicht stand. Sie ist nicht dafür geschaffen zu gewinnen, sie weiß nur, wie man versagt.

***

Unsere emotionalen Wunden können leicht unsere Beziehung sabotieren oder unseren Versuch, uns eine zu schaffen. Aber wenn wir den Gespenstern aus der Vergangenheit direkt in die Augen sehen, merken wir, dass sie nur so laut knurren, weil sie keine andere Macht über uns haben als die, die wir ihnen zugestehen.

Wir müssen sicherstellen, dass beide Seiten in einer Beziehung gleichermaßen verantwortlich für das Glücklich sein in dieser Verbindung sind. Oder noch besser – wie ich schon erwähnte – dass beide Teile das Privileg haben, ihre Beziehung mit Liebe und Glück zu füllen.

Die erfolgreichsten Verbindungen zweier Menschen sind die, in denen beide Partner/Partnerinnen all die Liebe, die sie für sich selbst brauchen, in sich selbst gefunden haben. Wenn wir mit Lebensfreude angefüllt sind, wenn wir uns so akzeptieren, wie wir sind und uns an unserem Wachstum erfreuen, brauchen wir nicht geliebt zu werden, um uns gut zu fühlen. Stattdessen müssen wir die Liebe, die uns ausfüllt, TEILEN.

Und das ist die beste Möglichkeit, wenn wir eine aufrichtige und liebevolle Beziehung haben wollen.

Natürlich ist der Umgang mit unserer inneren, negativen Programmierung nicht immer einfach. Die Gedanken, die unbeabsichtigt und unwissentlich aus den Tiefen unseres Unterbewusstseins kommen, können oft den meisten Schaden anrichten. Und da unser Unterbewusstsein für 90% unseres Verhaltens, unserer Antworten, unserer Emotionen und Überzeugungen verantwortlich ist, neigen wir dazu, unser Denken auf Autopilot zu schalten.

Es gibt Abhilfe, wenn wir die richtigen Werkzeuge verwenden.

Wenn man sich in positivem Denken übt, führt das stufenweise zur Transformation unserer inneren Überzeugungen, wodurch unsere unterbewusste, negative Programmierung von positiver, uns dienlicher Programmierung ersetzt wird.

In meinem Buch „*365 (+1) Affirmationen für ein Großartiges Leben"*, zeige ich meinen Lesern, wie man das macht und statte sie mit einem leichten, Schritt-für-Schritt Programm aus. Das kann jede Lebenssituation verbessern. Es fügt sich harmonisch in die sogenannte „Plastizität des Gehirns" ein und verwendet hoch effektive Affirmationstechniken, die zu einer schrittweisen Rekonstruktion der unterbewussten Überzeugungen führt. Stell es dir als einen Spaziergang über eine Blumenwiese oder einen weichen Rasen vor. Je mehr du dem Weg folgst, d.h., je mehr du die positiven Affirmationen wiederholst, desto zahlreicher und klarer werden die neuralen Leitungen in deinem Gehirn und desto leichter wird es für dein Unterbewusstsein, mit dir und deinem Willen zu kooperieren.

Wie schon an anderer Stelle erwähnt wurde, braucht man etwa sechs Wochen täglicher Übung, um seine unterbewusste Programmierung zu verändern und ein weiteres halbes Jahr, um die neue Art der Wahrnehmung und des Denkens als Lebensstil anzunehmen.

Erinnere dich auch, dass, wenn wir uns in einem tiefen Ruhezustand – zum Beispiel in der Meditation – befinden, unser Unterbewusstsein leichter umprogrammiert werden kann. Deshalb habe ich MP3s gemacht, die man sich in tiefer Ruhe anhören kann, während ich den Hörer durch den Prozess des Umprogrammierens ihrers Unterbewusstseins begleite.
(Einige meiner MP3s werden am Ende dieses Buches unter „Andere Publikationen von Johanna Kern" aufgeführt).

Diese und andere Werkzeuge sind sehr effektiv und du findest sicher, was dir gefällt und was du brauchst.

GEHEIMNIS NUMMER 9

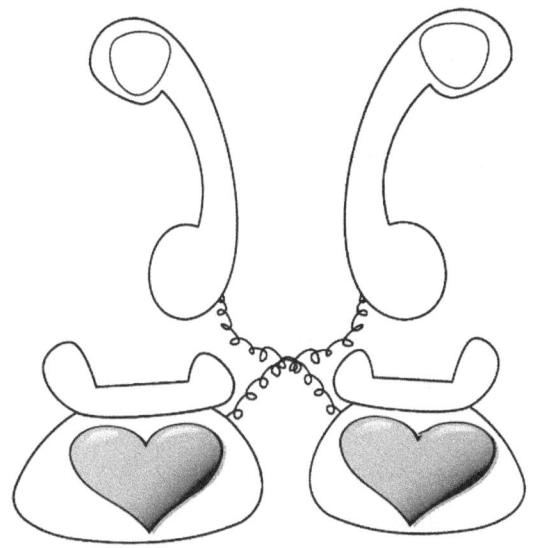

KOMMUNIKATIONSSENDER UND -EMPFÄNGER VERBINDEN SICH:

„Du hast gesagt, ich hab gesagt"
versus
„Wir haben gesagt".

"Niemand ist perfekt".

Da können wir zustimmen.

„Niemand weiß alles". Da können wir auch zustimmen.

„Für mich bist du durchsichtig". Vielleicht. Vielleicht auch nicht.

„Das weiß ich besser als du." Möglicherweise. Oder auch nicht.

„Mach mir nichts vor! Ich weiß, was du denkst!" Also, dieser Aussage ist nun wirklich schwer zuzustimmen.

Warum kommunizieren wir? Vor allem, weil wir mit jemandem übereinstimmen wollen. Ob wir nun von jemandem eine Information haben wollen oder, ob es etwas gibt, das wir mit einem anderen teilen wollen – letztlich möchten wir mit dieser Person über ihren Wert in irgendeiner Weise einer Meinung sein.
Kommunikation kann Worte (geschriebene oder als Ton aufgezeichnete), Aktionen oder Gesten beinhalten, sie kann aus emotionalem Ausdruck oder in irgendeiner Art visueller oder hörbarer Übermittlung bestehen. Wie wir unsere Botschaft kommunizieren, ist ebenso wichtig, wie die Botschaft selbst. Das „Wie" kann schon eine Mitteilung für sich sein, und es kann in jedem Fall das Resultat unserer Mitteilung beeinflussen.

Eins der größten Geheimnisse der Liebe ist zu wissen, wie man in Übereinstimmung mit der Liebesenergie kommuniziert.

Nicht viele Menschen verstehen sich darauf, weil es auf dem Gebiet der Liebe wenig Schulung gibt. Womit wir schließlich enden, ist eine Ankündigung unserer Wünsche und Bedürfnisse in Relation zu dem, was für beide Teile gelten „sollte". So sind wir in unserer Kindheit und frühen Jungend programmiert worden. So haben wir es von unseren Betreuern und unserer Umgebung in Erinnerung: Auch die haben nichts anderes gelernt als den Willen in die Tat umzusetzen oder die Ansichten und Meinungen mit Nachdruck zu äußern.

Während es durchaus wichtig ist, sich gegenseitig mitzuteilen was in der Welt vor sich geht, hat Kommunikation in einer liebevollen Beziehung nicht das geringste mit Ankündigungen dieser Art zu tun.
In Beziehung setzen heißt verbunden sein. Man kann nicht nachhaltig verbunden sein, wenn man zwei Sender „zusammenwirft". Um wirklich etwas zu teilen, muss man auch als Empfänger fungieren. Wo kein Empfang ist, gibt es keine Verbindung. Ohne Verbindung gibt es keine liebevolle Beziehung. Und das ist die Wahrheit.

In einer Beziehung, die auf wahrer Liebe gegründet ist, wird eine gute Kommunikation zu einem wundervollen Werkzeug, um Liebe auszudrücken und zu teilen. Sie erlaubt uns, mit allen Aspekten der Liebe verbunden zu sein: Freude, Anerkennung/Akzeptanz, Respekt/Demut (bescheiden sein), Gleichheit (Ebenbürtigkeit). Hingabe, Ausgleich und Versöhnlichkeit.

Und so geht's:

Freude bedeutet das Leben miteinander zu feiern, die gegenseitige Akzeptanz führt zu Bescheidenheit (Demut), mit der wir die Aufrichtigkeit des/der anderen ehren und nicht unsere Bedürfnisse für wichtiger halten als seine/ihre. Die Gleichheit, mit der wir das Privileg der Verantwortung für unsere Beziehung miteinander teilen, führt dazu, sich der Liebesenergie zu unterwerfen (Hingabe), die uns lehrt, dass ein Gleichgewicht zwischen der Erfüllung der Wünsche beider Partner und ein Ausgleich zwischen den Vorlieben der zwei Teile einer Beziehung bestehen muss. Unterwerfen wir uns der Liebe, so bedeutet das eine wahre Verbindung/Versöhnlichkeit mit ihr.

Das ist eine sehr wichtige Erkenntnis: Diese Aspekte der Liebe sind nämlich nicht präsent in unserer Kommunikation, wenn wir unsere Schatten – die Gespenster aus unserer Vergangenheit – die Regie übernehmen lassen. In dem Fall drücken wir nur auf den „Knopf" des anderen und reagieren wie die Roboter oder Automaten. Wir sind dann alle Sender, ohne die Möglichkeit etwas zu empfangen.

Was ist das Heilmittel dafür?

Wir müssen aufmerksam und uns unserer Schatten bewusst bleiben, unsere Antworten und Reaktionen unter Kontrolle behalten.

Das bedeutet ein wenig Arbeit, aber es hilft uns zu heilen. Heilen ist ein Teil unseres Wachstums. Heilen bedeutet Achtsamkeit. Liebevolle Kommunikation erfordert Achtsamkeit. Achtsame Kommunikation ist eine exzellente Art, die Heilung in unserer Beziehung zu unterstützen.

Hinter der korrumpierenden, negativen Energie der Schatten liegen Schichten um Schichten wunderschöner Liebesenergie, die wir erreichen und miteinander teilen können.

Hinter jedem Schatten verbirgt sich die Sehnsucht nach Liebe.

Wenn wir für die wahre Liebe bereit sind, entdecken wir früher oder später den Weg zu ihr – das Vertrauen in ihre Macht. Liebe hat die Macht uns zu finden und uns zu wahrem Glücklich sein zu führen. Ihre Macht löst alles auf, was ihr im Wege steht: Angst, Ärger und Traurigkeit. Wir brauchen keine Schatten zu unserem Schutz, um unsere Furcht, unseren Ärger und unsere Traurigkeit durch die Energie der Liebe ersetzen.

Unter Patricks und meinen Bekannten gibt es ein verheiratetes Paar, dessen Beziehung gerade in die Brüche geht. So traurig es ist, es gibt überall Paare mit gebrochenen Herzen. Ihre Geschichten lassen uns erkennen, wie leicht es ist, eine Verbindung, die auf unsere tiefste Hoffnung gegründet war, zu verlieren, wenn wir die Natur der Liebe nicht verstehen. Sie erlauben uns auch einen wertvollen Blick in die menschliche Natur und was wir in unseren eigenen Beziehungen verbessern können.

Die zwei Menschen, von denen die Rede ist, lasst sie uns Harry und Mary nennen, leben jetzt zwei getrennte Leben, während sie unter einem Dach des Hauses wohnen, das sie im letzten Jahr gekauft haben. Als Mary neulich Geburtstag hatte, lud sie einige Freude zu einem Abendessen ein, nicht aber ihren Ehemann Harry, der währenddessen mit einer Frau ins Kino ging, mit der er seit einiger Zeit schon ein Verhältnis hatte. Patrick und ich sind der Ansicht, dass weder Mary noch Harry den Tag wirklich genießen konnten.

Die Geste, ihren Ehemann nicht zu ihrer Geburtstagsgesellschaft einzuladen, ist eine laute Kommunikation von einer tief verletzten Mary. Jeder, der das Paar kannte, wusste, wie gerne die beiden zusammen mit ihren Freunden regelmäßig einmal im Monat ausgingen. Das gab es nun nicht mehr. Kein Teilen wichtiger Momente und bald schon gar kein

Teilen mehr in ihrem Leben.

Obwohl das Paar sehr herzlich und kontaktfreudig war, bemerkten wir doch, dass es mit ihrer Kommunikation nicht zum Besten stand. Wir wissen natürlich nicht, was letztlich direkt zu der gegenwärtigen Situation führte, aber wir glauben, dass der hauptsächlich Grund für den Bruch in ihrer Zweisamkeit die Unfähigkeit war teilen zu können. Wenn Menschen nicht miteinander reden, kann das den Fluss positiver Energie hemmen – die Kommunikation fällt schließlich auseinander.

Was im Leben von Harry und Mary geschah, war der ausgeklügelte Plan ihrer unterbewussten Schatten: Sie zusammenzubringen, ihre tiefsten Befürchtungen zu festigen, nämlich, dass sie um die Liebe betrogen werden, ihnen zu beweisen, dass sie nicht verdienen glücklich zu sein und sie wissen zu lassen, dass stattdessen Sorge, Ärger und Schmerz zu ihrem Leben gehört. Mitten in der Umsetzung des ausgeklügelten Plans ihrer Schatten redeten beide nicht miteinander. Sie waren zwei Sender, die von sich selbst sprachen, und keiner war in der Lage zu empfangen. Und da beide gehört werden wollten, sandten sie ihre Botschaft lauter aus in der Hoffnung, es würde helfen. Es ist durchaus möglich, dass beide zunächst versuchten, die Aufmerksamkeit des anderen durch Argumentieren zu erlangen. Als das nicht funktionierte, kommunizierten sie durch Handlungen, wie bei Mary zu sehen war, die ihren Ehemann vernachlässigte und Harry, der seine Frau betrog.

Vernachlässigen und betrügen ist eine weitere Art zu kommunizieren, dass etwas falsch läuft. Gewöhnlich geschieht das, wenn vorherige Probleme durch Mangel an Kommunikation nicht gelöst worden sind. Bitterkeit und Ärger überwiegen und schließlich schreitet einer der beiden zur Tat, manchmal auch beide. Sie werden zu Gegnern, die weitere Probleme schaffen. So geschah es wohl bei Mary und Harry, die außerstande waren, mit ihren inneren Schatten fertig zu werden oder zumindest über sie zu reden. Oder sie hatten das Gefühl, nicht empfangen zu werden, als sie es versuchten.

Wo es mit dem Senden und Empfangen und der aufmerksamen Kommunikation in der Liebe nicht klappt, nützen auch die allerbesten Absichten nichts.

Wenn Menschen eine Beziehung beginnen, gehen sie gewöhnlich davon aus, dass sie funktioniert. Gute Kommunikation ist der beste Weg die Liebesenergie zu erreichen und miteinander zu teilen. Eine Einbahnstraße führt nirgendwohin. Da sind nur Geräusche aus dem Sender zu hören wie: „Du hast gesagt, ich hab gesagt " – dieses Geräusch kann durchaus das freudig und liebevoll geflüsterte „Wir" übertönen. Und weil die Freude die Tür zu unseren Herzen öffnet, kann Liebe nicht eintreten, da keine Freude vorhanden ist.

Rede – hör zu! Hör zu – rede!

Um sowohl ein Sender, als auch ein Empfänger zu sein, ist das Zuhören – ohne den anderen zu unterbrechen, wenn dieser sich mitteilt – der beste Weg zu guter Kommunikation. Patrick und ich richten uns nach folgender Regel: Wenn es etwas Wichtiges zu besprechen gibt, wechseln wir uns ab. Wir lassen den einen sagen, was er zu sagen hat. Wir bestätigen, was wir gehört haben und dann ist der andere dran zu sprechen und gehört zu werden. So ergibt sich ein Gespräch in beide Richtungen und außerdem laufen wir nicht Gefahr, dass unsere Diskussion in ein unnötiges Streitgespräch ausartet.

Es gibt Zeiten, da sind wir uns nicht einig. Aber wir haben uns schon vor langer Zeit darauf verständigt, dass wir bei solchen Gelegenheiten nicht nur den Standpunkt des anderen respektieren, sondern auch versuchen, seine Sichtweise zu verstehen. Das kann schließlich auch zu unserer Wahrnehmung der Dinge beitragen. Wir brauchen vielleicht mehr Zeit, die Information, mit der wir nicht einverstanden sind, zu verarbeiten. Das ist durchaus in Ordnung. Die Liebe verleiht uns aber sowohl Verständnis, als auch Geduld. Nichts kann wichtiger sein, wenn wir eine glückliche und erfüllende Beziehung haben wollen, als uns gegenseitig zu respektieren und zu unterstützen.

Ich rate dringend dazu, sich in diesen Fertigkeiten zu üben. Sie können uns helfen, bewusst und offen zu bleiben. Außerdem kann der Spaß wirklich beginnen, wenn wir die erste Stufe guter Kommunikation – Achtsamkeit – erklommen haben. Dann können wir mit Worten, Gesten und Aktionen so viel Freude in unseren Alltag bringen, wie wir wollen. Das kann in unserer Beziehung zu mehr Leichtigkeit und Spaß führen.

Ich erzählte schon von unserem Geheimnis, kleine Liebeserklärungen zu schreiben, die Patrick und ich für einander an ungewöhnlichen Orten verstecken. Oder von dem liebevollen Ritual, wenn wir uns an der Haustür von einander verabschieden. Das sind einige Beispiele, wie wir uns sagen, dass wir den anderen wichtig nehmen und dass wir Freude und Spaß empfinden, dem anderen das zu zeigen. Und wir finden immer neue Möglichkeiten unsere Liebe zu feiern und zu kommunizieren.

Im letzten Kapitel mit dem Titel „Einfach so zum Spaß" findest du Vorschläge, die dich vielleicht zu einem ganz eigenen Stil liebevoller Kommunikation inspirieren – was immer zu euch zwei wundervollen Menschen passt.

Es gibt Leute, die sich daran erfreuen, Dinge auszuprobieren, die sie sonst nie versuchen würden. Andere machen ihre Liebe deutlich, indem sie Arbeiten übernehmen, die der andere nicht gern tut, während es ihnen selbst nicht so viel ausmacht. Manche Paare machen sich ohne jeden Grund Geschenke, manche suchen mit großer Sorgfalt Geburtstagsgeschenke oder Weihnachtsgaben aus. Es gibt Paare, die überraschen sich gegenseitig gerne, und andere, die einfach mit einer Tasse heißer Schokolade beieinander sitzen, zusammen träumen, planen, irgendetwas zu bauen – wie du es anstellst, hängt von dir ab. Das Wichtigste ist zusammen zu kommunizieren, vertrauensvoll verbunden zu sein und die Liebe zu teilen.

Wenn wir unsere Beziehung so betrachten, dass alles, was wir tun, sagen oder ausdrücken, Kommunikation IST, erfahren wir miteinander, was in unserer Beziehung geschieht. Dieses Bewusstsein wird gestärkt und aufgebaut.

Wenn etwas schiefgeht, ist es niemals der Fehler von nur einer Person. Es ist vielmehr das Resultat unserer Kommunikation oder deren Mangel. Nichts passiert völlig grundlos. Die Liebe ist nicht blind und der „Elefant ist schon im Raum", bevor etwas Schmerzhaftes passiert.

Harry und Mary haben ihre Beziehung vielleicht schon abgeschrieben oder sie wissen nicht, wie es weitergehen soll. Es ist leichter weiter in Kummer zu versinken und ihn aufrecht zu erhalten, wenn man keine Lösung findet. Ist aber ein Fünkchen Hoffnung vorhanden, obwohl alles völlig verfahren scheint, ist es am besten, sich Hilfe zu holen. Ich persönlich halte nichts von Ratgebern aus dem Freundeskreis oder der Familie. Es gibt überall viele Paartherapeuten, die nicht nur objektiv bleiben können, sondern auch besser und professioneller helfen.

Wenn wir mit ansehen, dass es uns Nahestehenden schlecht geht, versuchen wir natürlich zu helfen. Wir neigen dazu zu denken, dass wir wissen, was vorgefallen ist und vergessen dabei, dass wir nur nach unserem ganz eigenen Gutdünken reagieren können. Es ist durchaus möglich, dass wir unsere eigenen, inneren Wünsche, unsere Bedürfnisse auf die Ratsuchenden projizieren, ohne ein klares Bild von ihrem wirklichen Problem zu haben. Ihnen stattdessen zu raten, sich professionelle Hilfe bei Beziehungsschwierigkeiten zu holen, ist in dem Fall das Beste, was wir für sie tun können, außer ihnen auf ihrer Lebensreise zu helfen. Und es ist äußerst wichtig, dass wir ihnen das sehr deutlich machen, wenn sie uns um einen Rat bitten.

Ebenso wie es keine zwei identischen Individuen auf der Welt gibt – selbst Zwillinge und Drillinge zählen nicht, weil sie niemals ganz gleich sind – existieren nicht zwei völlig identische Beziehungen. Jede Verbindung ist anders und wunderschön auf ihre Art und Weise. Wir erschaffen Tag für Tag unsere Beziehung. Sie wird zu einem Kunstwerk unseres gemeinsamen Lebens und wir sind diejenigen, die ihr Struktur, Farbe und Klang verleihen. In dem Moment, in welchem wir vollkommen verstehen, wie schön wir sie gestalten können, wird uns unser Herz dabei helfen.

Es beginnt alles in unserem Herzen und es kommt alles zu unserem Herzen zurück, dem Kern, der Essenz unseres Seins, wo unsere aufrichtigste Wahrheit wohnt.

Wenn wir beginnen, unsere Wahrheit zu kommunizieren, jeder von uns für sich allein, aber auch gemeinsam in der Harmonie der Liebe, dann wird das „Du hast gesagt, ich hab gesagt" ohne jede Anstrengung zum „Wir haben gesagt".

Geheimnis Nummer 10

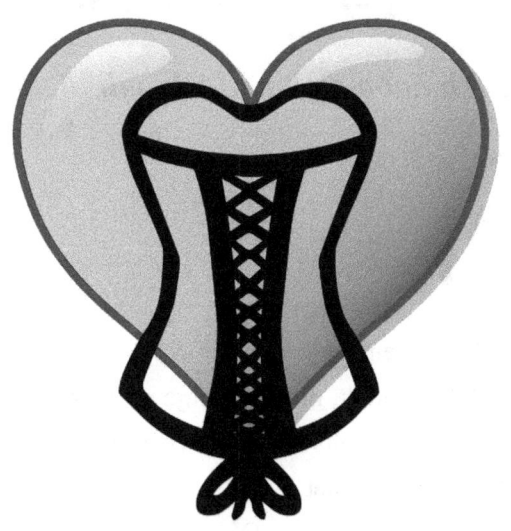

Sex und Intimität:

Das Fest der Emotionen und Sinne

Vorbereiten, Kochen und Speisen

Iss deinen Kuchen und bleib gleichzeitig hungrig.

„Ich liebe dich."

„Ich will dich."

„Ich liebe dich und ich will dich."

Während die meisten von uns generell wissen, um was es sich beim Sex handelt, mögen einige nicht mit der Bedeutung von Intimität vertraut sein. Obwohl mit dem Wort „Intimität" manchmal eine sexuelle Beziehung bezeichnet wird, so ist doch seine ursprüngliche Bedeutung eher gegenseitige Offenheit, das Teilen und die Angreifbarkeit. Intimität kann Teil jeder liebevollen und engen Verbindung sein – zwischen Freunden, Partnern/Eheleuten oder der Familie. Man kann damit eine einmalige Interaktion zwischen zwei Menschen bezeichnen oder auch ein Langzeitmuster von Verbundenheit und Wärme.

Da Intimität Vertrauen erfordert und Angreifbarkeit nach sich zieht, macht sie manchen Menschen angst. Vermeidet man Intimität, kann das dazu führen, dass man sich von einer engen Beziehung zurückzieht, wenn die Dinge „zu ernsthaft", sprich, wenn sie „zu eng" werden. Es gibt Menschen, die enge Beziehungen überhaupt vermeiden. Die Furcht vor Intimität ist nichts anderes als die Angst verletzt zu werden (wie in Geheimnis Nummer 8 schon besprochen) und hat vielleicht ihre Wurzeln in schmerzhaften Erfahrungen, wie zum Beispiel der Mangel an Liebe von Seiten der Eltern oder Partner in einem Moment, wenn wir wahrhaft offen, vertrauensvoll und verletzlich sind.

Wir alle haben schon von Menschen gehört, die ihre Sehnsucht nach Liebe zum Ausdruck bringen, aber es vermeiden, sich einzulassen. Sie reden davon, dass sie gerne eine liebevolle Beziehung hätten, aber ihr Leben alleine verbringen. Es ist natürlich nichts Falsches daran allein zu sein. Aber allein zu sein, weil das unseren Lebensstil uneingeschränkt unterstützt und aus Angst allein zu sein – das sind zwei ganz verschiedene Dinge. Aber vor lauter Angst alleine zu sein ist etwas ganz anderes. Es ist entscheidend wichtig sich darüber im Klaren zu sein, was die Gründe für unsere Lebenssituation ist. Wollen wir aufrichtig die Liebe erleben und mit jemandem teilen, fürchten uns aber gleichzeitig davor, so müssen wir tief in uns hineinschauen. Wir müssen uns mit den Gespenstern unserer Vergangenheit befassen, die in uns hausen und ihr trügerisches Grinsen zeigen, während sie die Menschen davonjagen, mit denen wir die wahre Liebe erleben könnten.

Es gibt Werkzeuge, mit denen wir unsere inneren Befürchtungen besiegen können, und es gibt Menschen, die uns durch unseren Selbstheilungsprozess zu führen bereit sind. Da Angelegenheiten, die die Intimität betreffen, in unserer Gesellschaft durchaus normal sind, gibt es viele, gut ausgebildete und fähige Therapeuten, die sich mit solchen Problemen befassen.

In einer Beziehung bedeutet Intimität, dass wir in der Lage sind, uns zu öffnen und unser wahres Selbst mit jemandem zu teilen.

So etwas geschieht nicht über Nacht. Frische, neue Beziehungen mögen ihre wundervollen Augenblicke der Intimität haben, aber sie für lange Zeit aufrecht zu erhalten erfordert gegenseitiges Vertrauen. Und da Vertrauen leichter verloren geht als man es aufbauen kann, ist eine Beziehung entweder in hohem Maße intim oder es gibt zu keiner Zeit liebevolle Intimität.

Intimität in einer Beziehung ist ein Tanz. Jeder Schritt kann vorwärts oder rückwärts ausgeführt werden.

In einer liebevollen Verbindung wollen wir uns vorwärts bewegen. Wenn wir die Liebesenergie spüren und sie miteinander teilen, möchten wir immer mehr davon. Sich rückwärts zu bewegen ist kein gutes Gefühl. Während sich nun unsere Verbindung entwickelt und Dinge sich in dieser Zeit verändern, müssen wir natürlich manchmal einen Schritt zurück gehen. Vielleicht möchten wir uns genauer ansehen, was wir noch nicht vollständig verarbeitet haben und uns mit dem befassen, was wir klären wollen. Es ist wichtig, solche Momente mit unserem Partner/unserer Partnerin zu teilen, damit wir nicht die Intimität verlieren, die wir schon aufgebaut haben. Dem/der Geliebten zu vertrauen ist ebenso wichtig, wie ihn/sie anzubeten. Es gibt keine Intimität ohne Vertrauen. Und ohne Intimität gibt es keine wahre Liebe. Wahre Liebe ist ein Tanz der Herzen. Man muss bei jedem Schritt verbunden bleiben. Nicht nur, wenn in unserer Welt die Sonne scheint, sondern auch, wenn es wie aus Eimern schüttet und es nicht einfach ist, auf den Beinen zu bleiben.

In einer liebevollen Beziehung lädt die Liebe zu Intimität ein und Intimität führt zu Sex.

Obwohl Sex eine gewünschte Vereinigung zweier Menschen ist, geht es nicht ohne Intimität, Sex ohne Intimität ist nicht das, was unsere Liebe ganz befriedigen und honorieren würde. Deshalb sprechen viele weise Menschen davon, zunächst Intimität aufzubauen, bevor sie anfangen, den Sex in einer romantischen Beziehung zu erkunden. Ein Ratschlag ist, die ersten sechs Monate eine platonische Phase einzulegen, die nötig ist, um eine angemessene Bindung und genügend Vertrauen zu schaffen.

Was aber, wenn eure Verbindung sofort mit sexueller Leidenschaft, jedoch ohne viel Intimität zwischen euch beiden begonnen hat?

Es ist viel schwieriger auf Los zurückzugehen und Intimität nach einer wilden Sexperiode aufzubauen – aber alles ist möglich.

**Die Liebe ist großzügig.
Sie schließt niemanden aus und sie folgt keinerlei Regel.**

Egal, wie unsere Geschichte angefangen hat, egal, wie weit unsere Beziehung fortgeschritten ist oder wie früh sie begann, wenn wir es mit der wahren Liebe versuchen wollen, müssen wir uns mit der Intimität befassen und uns darin üben.

Intimität ist nicht möglich in einer locker-beiläufigen, sexuellen Begegnung, wie sie neuerlich zwischen den Menschen so populär geworden ist, die auf Abenteuer ohne jede Bindung aus sind. Manche halten Sex für eine rein physische Angelegenheit, die auf Vergnügen und einen Adrenalinschub abzielt. Natürlich ist sie ein befriedigendes, physisches Erlebnis. Das auf alle Fälle! Schließlich betrifft das Liebesspiel jeden Teil unseres Körpers, angefangen bei unserem Herzen, über das Blut bis hin zu unserem Magen und dem Gehirn. Regelmäßiger Sex hilft uns Stress abzubauen, bewahrt uns vor Herzkrankheiten, fördert die Blutzirkulation, baut Muskeln auf und reguliert unsere Hormone. Das alles sind wundervolle, gesundheitliche Vorteile. Andererseits birgt gelegentlicher Sex aber auch ernsthafte Gesundheitsrisiken. Die Bakterien von sexuell weitergereichten Infektionen lauern nicht nur im Sperma und in der Vaginalsekretion, sondern verstecken sich auch im Blut und im Speichel. Eine kleine Verletzung an deiner Lippe oder sonst wo kann zu deinem größten Problem werden. Es ist nicht immer möglich, sich vollständig vor ernsthaften, oft lebensbedrohlichen Krankheiten zu schützen.

Irgendwann streben auch Menschen, die gelegentlichen Sex bevorzugen, eine langfristige Zweierbeziehung an, sind aber vielleicht gar nicht dazu in der Lage. Mag sein, dass sie nicht wissen, wie sie sich für eine tiefere Ebene öffnen sollen, als die, mit der sie es bis dahin zu tun hatten – die Adrenalinschübe und die ständig neuen, lockeren Begegnungen – weil sie nicht zum Erleben wahrer Liebe durch tiefe und wirkliche Verbindung mit einer einzigen Person passen will. Die Falle sich von anderen Menschen abzuschotten, was zu Intimitätsschwierigkeiten führt, ist ein ernstes Problem in der westlichen Gesellschaft. Die sehr populären Websites der sozialen Netze mit ihren Bildern und Geschichten, in denen jeder sein Privatleben zur Schau stellt, ist keineswegs das, was wir denken und kein Zeichen von wahrer Offenheit. Die Menschen teilen mit anderen das Image, was sie selbst von sich haben und präsentieren wollen. Und das ist weder vollständig noch wirklich aufrichtig. Die Internetbegegnungen sind meist ebenso locker und ohne Bedeutung wie beiläufiger Sex. Sie sind alle oberflächlich und bedienen unser Bedürfnis nach sozialem Miteinander, sie ersetzen aber keine wirklichen Verbindungen für's Leben, keine wahren persönlichen Erfahrungen.

Sich auf die Liebesenergie einzuschwingen geht weit über jede andere Interaktion hinaus. In diesem Sinne kann Sex als Zugang zum Verständnis, warum wir die Liebe mit einem anderen menschlichen Wesen teilen wollen, beitragen.

Wenn die wahre Liebe an unsere Tür klopft ist Sex Hand in Hand mit Intimität nicht weit.

Liebesspiele verwandeln sich in Liebe. Vergnügen in Glückseligkeit.

In einer solchen Vereinigung, die mit Freude angefüllt ist, gibt es nichts Trennendes, alles wird eins: Unsere Sinne, Gefühle, Gedanken. Und was wir erleben ist Liebe.

Obwohl Patrick und ich glauben, dass die Liebe uns alles das sagen kann, was wir brauchen, um eine perfekte Vereinigung zu erreichen, weiß ich doch, dass es für manche Menschen nicht ganz so funktioniert. Das kommt wohl daher, mit welchen sexuellen Vorstellungen wir programmiert sind. Eine solche Programmierung ist nicht leicht zu überwinden. Sex in der westlichen Gesellschaft wird oft als Tabu wahrgenommen oder aber lediglich als Mittel zur Reproduktion oder als physisches Vergnügen, wie der Genuss von einem Stück Kuchen. Manche mögen es als Akt der Leidenschaft zur Beherrschung bzw. Unterwerfung oder als Mittel zur Manipulation ansehen; andere wiederum sehen darin ihre Pflicht oder sie wollen sich reproduzieren. Es kommt nicht oft vor, dass Sex als eine Vereinigung angesehen wird, die uns erlaubt, die Liebesenergie sowohl auf der sinnlichen Ebene, als auch auf einem tiefen, eventuell sogar einem spirituellen Level zu erleben. Das hängt natürlich mit dem Mangel an Aufklärung und Erziehung, was die Liebe betrifft, zusammen.

Es gibt Theorien darüber, wie man eine solch tiefe Schicht auf dem Gebiet der Liebe erreicht und man findet diese Art Information in den verschiedensten Büchern und Artikeln. Ich werde dir ein Beispiel einer sexuellen Methode/Praktik aufzeigen, die in einigen Kreisen in den letzten zehn Jahren sehr populär geworden ist. Meiner Ansicht nach spiegelt es das wider, wonach einige Menschen in unserer Gesellschaft suchen, wenn sie von bedeutungsvollem, sinnreichen Sex reden. Vielleicht wird es euch inspirieren und euch helfen, die Liebesenergie zu erfahren und eine intimere Verbindung in eurer Beziehung aufzubauen. Viele Paare schwören darauf und schwärmen davon, wie es ihr sexuelles Leben bereichert hat. Es kann sein, dass ihr schon davon gehört habt. Es nennt sich „Tantrischer Sex" und wird oft als Mittel zu Erweiterung des Bewusstseins durch die Vereinigung zweier Energien zu einem Ganzen beschrieben.

Tantra ist ursprünglich eine alte fernöstliche, spirituelle Methode, die darauf zielt, auf alle Lebensbereiche intensiv und bewusst einzuwirken. Im Tantra werden alle menschlichen Fähigkeiten – die physischen, die mentalen und die emotionalen – stark angeregt und dann kontrolliert, um den höchsten Genuss zu erreichen. Tantra wurde in den Sechzigerjahren in der westlichen Kultur bekannt und seitdem immer mehr ausgeweitet. Viele Paare haben diese attraktive, sexuelle Methode für sich entdeckt, die ihnen ein tieferes und vergnüglicheres, sexuelles Lustgefühl bescherte.

Die Menschen sagen, dass sie sich durch den tantrischen Sex ihrer selbst wahrhaft bewusst werden, und sie deshalb in der Lage seien, die wirkliche Intimität mit ihrem Partner/ihrer Partnerin emotional und sexuell zu erfahren.

Ob ihr euch nun in einer Langzeitbeziehung befindet oder noch wartet, bevor ihr mit eurer sexuellen Erfahrung wahre Intimität mit der geliebten Person beginnt, ist es immer gut sich zu überlegen, wie euer Liebesspiel sein sollte, damit ihr eure Liebe wirklich teilen könnt. Tantrischer Sex hält einige gute Tipps für euch bereit, vor allem, dass man das sexuelle Liebesspiel wie ein herrliches Fest behandeln sollte, spricht viele Paare besonders an.

Natürlich können wir in unserem Alltagsleben die Dinge nicht immer so umsetzen, wie wir sie gerne hätten. Wir können aber vielleicht mit einer Variation aufwarten, die zu uns passt und die auch unter den gegebenen Umständen ihre Wirkung nicht verfehlt.

Der tantrische Sex behandelt den Akt der Vereinigung wie eine Feier. So wird jeder Schritt dorthin sehr bewusst, bevor er spontan und leidenschaftlich werden kann. Sich in Stimmung zu bringen ist dabei sehr wichtig. Egal, ob ihr nun brennende Kerzen bevorzugt oder lieber duftende Öle, gedämpftes Licht, leise Musik oder andere Dinge, sicher hilft all das, damit ihr euch auf die Freuden eurer Sinne, eures Geistes und eures Herzens einstimmen könnt.

Nachdem die Umgebung vorbereitet ist, gilt es euren Körper zu lockern, damit die Energie frei durch ihn fließen kann. Die Lehrer des tantrischem Sex' empfehlen die Glieder heftig zu schütteln, um sie gewissermaßen aufzuladen. Für diejenigen, die das wenig romantisch finden, hat ein langsamer Tanz oder jede andere Bewegung miteinander oft die gleiche Wirkung, wie zum Beispiel das gegenseitige, sanfte Streicheln der Arme, Beine und des Halses.

Während man sich diese Methode aneignet, sollte man nicht im Bett liegen, weil das zu schnellem Sex verleiten würde, anstatt die tiefe Verbindung herzustellen, um die es beim tantrischen Sex geht.

Wenn ihr euch beide wohlfühlt, streichelt euch weiter sanft, während ihr euch in die Augen schaut. Das führt dazu, dass die Sinne weiter angeregt werden – gleichzeitig langsam und intensiv. So baut ihr sexuelle Energie auf, ohne sie zum Höhepunkt zu bringen. Und – es kann jedes Mal den Sex und eure Freude daran um Stunden verlängern. Obwohl das nicht das

Ziel des tantrisches Sex' ist, begeistern sich manche Paare dafür und reden angeregt davon.

Fokussiert zu bleiben ist der Schlüssel, und wenn ihr merkt, dass eure Gedanken wandern gehen, holt sie in die Gegenwart zurück, indem ihr euch auf euren Atem konzentriert. Eine gute Möglichkeit ist das Einatmen, während der Partner/die Partnerin ausatmet und umgekehrt. Das hilft verbunden zu bleiben und im Hier und Jetzt miteinander zu sein.

Wenn ihr nicht mehr als zehn Minuten mit dem oben Beschriebenen schaffst, macht euch keine Sorgen und gebt nicht auf. Tantrischer Sex ist so verschieden von dem, was wir in der westlichen Welt gewöhnt sind, dass man nicht von einem typischen Anfang, der Mitte oder dem Ende des physischen Akts sprechen kann. Das Ganze ist ein Fest, in welchem die Vorbereitung, das Kochen und das Speisen zur gleichen Zeit stattfinden. Mit Übung werdet ihr lernen, die fixe Idee loszulassen, dass irgendein Höhepunkt stattfinden muss, und dann werdet ihr den Sex genießen, ohne an den Abschluss zu denken. Gleichzeitig werdet ihr in der Lage sein, euren Körper zu kontrollieren und die Kraft eurer Orgasmen zu steigern.

Im tantrischen Sex gibt es einige Übungen, die dazu verhelfen, Intimität in einer Beziehung aufzubauen, welches wichtigste Zutat bei der tantrischen Vereinigung ist. Vielleicht habt ihr keine Lust sie nur so zum Spaß auszuprobieren, um zu sehen, wohin sie euch führen können.

1. Den Herzschlag einstimmen:

Während ihr euch gegenübersteht, leg deine linke Hand auf das Herz deines Partners. Dann bitte ihn seine Hand auf deine zu legen. Versucht nun, in dieser Position einige Minuten im gleichen Rhythmus zu atmen, aber nicht weniger als zwei Minuten. Das Ziel ist gemeinsam ein- und auszuatmen. Nun tauscht ihr. Lass deinen Partner seine Hand auf dein Herz legen, bedecke sie mit deiner Hand und wiederhole das harmonische Atmen.

2. Verbundene Berührung:

Während ihr euch gegenübersitzt – am besten der eine auf dem Schoß des anderen, legt eure Arme umeinander und schmiegt euch sanft aneinander. Bleibt ein paar Minuten in dieser Position – wahlweise mit oder ohne Kleidung, solange ihr verbunden bleibt und die Berührung genießt, ohne irgendetwas anderes tun zu wollen. So wird eure Intimität stärker und ihr werdet es sicher beide genießen, auf diese liebevolle und friedliche Weise zu berühren und berührt zu werden.

3. Das Vergnügen aufbauen:

Vergewissert euch, dass ihr euch beim Sex langsam bewegt und atmet und allmählich sexuelle Spannung aufbaut, anstatt euch in eine Position zu begeben, von der ihr wisst, dass sie euren Orgasmus beschleunigt. Eure Gefühle langsam aufzubauen führt zu der viel tieferen Erfahrung, am Ende den Orgasmus gemeinsam zu erreichen.

Intim zu sein gestattet uns, unsere Vereinigung zu genießen, ohne dem Druck ausgesetzt zu sein, sich gegenseitig zu befriedigen oder irgendetwas tun zu müssen. Sex macht nicht nur Spaß, sondern ist auch eine Möglichkeit, unsere Verletzlichkeit zum Ausdruck zu bringen.

Beide Partner wollen Akzeptanz spüren, sicher und frei sein, ihre Gefühle teilen zu dürfen.

Eine liebevolle, sexuelle Vereinigung in einer Beziehung ist überaus wichtig, wenn wir die Liebe in ihrer ganzen, kraftvollen Schönheit teilen wollen.

Es gibt nichts, wofür man sich beim Sex schämen müsste, ebenso wie man sich nicht zu schämen braucht Mensch zu sein.

In einer liebevollen Beziehung werden unsere Köper wunderschön, aber nicht wegen ihres Aussehens, sondern weil sie uns so herrlich dazu verhelfen zu lieben.
UND
Interessanterweise ist es gleichgültig, wie oft du Sex hast, der eine intime Verbindung einschließt. Du bleibst immer „hungrig".

Hungrig nach physischer Berührung, nach mehr Intimität, nach mehr Erlebnissen von physischem Zusammensein, bei dem du deine Liebe teilen kannst. Sein/ihr Körper bleibt eine aufregende Quelle physischen Vergnügens, und er wird dir niemals langweilig. Du brauchst nirgendwo anders zu suchen, weil alles, was du brauchst, direkt vor dir ist, hier in deinen Armen. Diese Person, die dir mit solcher Liebe in die Augen schaut, wird immer noch anziehender mit jedem Tag, der vergeht.
Es gibt nichts Anziehenderes als wirkliche Liebe.

Solange ihr aufeinander eingestimmt bleibt, gibt es nichts, was euch auseinanderbringt.

Das ist ein weiteres großes Geheimnis der Liebe.

Unser Entzücken

Hier bin ich, lächelnd, mit geschlossenen Augen.
Ich lächele, weil er duftet wie meine Träume.
Er fühlt sich an wie eine Welle.
Er ist meine Traum-Welle und er trägt mich davon.
Ich atme ihn ein und dann ruhe ich aus.

Ich vertraue und lächele. Meine Nacht ist sicher.
Ich fühle mich behütet, wieder und wieder.
Welch eine Frau, welch eine Frau bin ich in seinen Armen!
Dann höre ich jemanden schreien und öffne meine Augen.
Wer ist es, der da schreit?

Unser Entzücken stößt einen Schrei aus
und setzt die sanfte Nacht in Erstaunen.
Schamloses, glückliches Entzücken!

Ich tanze mit meiner Traum-Welle. Ich fühle seine Lippen und Hüften.
Mein Hals wird weich und lang und windet sich und hält inne.
Meine Arme suchen und finden ihren Weg um seine Taille. So.
Ich halte ihn stark und fest. Ich halte ihn mit meinem ganzen Herzen.
Mein Körper bebt, mein Bauch wird hart.

Da, ich schwinge mit ihm, der Traum-Welle.
Oh Gott, lass es geschehen! Oh Gott, lass es fortdauern!
Da und da und da!

Ich höre mein Herz hämmern. Ich höre unser Entzücken jubeln.
Meine Traum-Welle berührt meine Seele.
Nein! Es ist meine Seele, die ihn beißt, die Traum-Welle.
Ich fühle, wie sich ihre Zähne in seiner Schulter verbeißen. Seine Haut durchtrennen.
Meine Seele wirbelt herum, erhebt sich und lässt mich zurück.
Meine Seele singt und schwingt mit unserem Entzücken.

— *Für Patrick, meinen Mann, in einer unserer wundervollen Nächte*

GEHEIMNIS NUMMER 11

WAS APHRODISIAKA UND SUPERSPEISEN FÜR DEIN LIEBESLEBEN TUN KÖNNEN

Lass deine Leidenschaft nicht enden! Zaubere!

Herrliche Snacks und Speisen für die Liebe, die schnell zuzubereiten sind.

*L*ecker, yummy, köstlich, sublim, überirdisch, göttlich, orgiastisch! Oh, ja! Wenn köstliche Speisen in deinem Mund zergehen, wäscht das Wohlbehagen unsere Sorgen und den Stress hinweg.

Essen ist das vorrangige Bedürfnis, das wir mit Wohlbehagen assoziieren, ein wenig wie sexuelle Erregung. Kein Wunder, dass wir eine große Sammlung an Volksmärchen, mythologischen Geschichten und auch Aberglauben über die sexuelle Natur von Speisen finden. Aphrodisiaka werden schon seit tausenden von Jahren beschrieben. Während ihre tatsächliche Wirkung auf unsere Libido noch immer zur Debatte steht, haben viele Untersuchungen ergeben, dass bestimmte Nahrungsmittel gewisse Stoffe enthalten, die die Lustzentren im Gehirn anregen. Es ist ebenfalls allseits bekannt, dass das sogenannte Superspeisen, die reichlich Vitamine und Mineralstoffe enthalten, unsere Energie steigern und so unsere Libido positiv beeinflussen können. Und davon mal ganz abgesehen: Wer würde nicht eine romantische, sinnliche Mahlzeit genießen, die perfekt die Freuden des Festes unserer Sinne unterstützt?

Wenn wir uns auf unsere Liebesfeier vorbereiten, können wir den Raum nicht nur mit Licht und Musik „würzen", sondern auch mit Düften, Formen und Farben von Speisen, die die Palette unserer Vorstellung anregen. Tatsächlich wird die verführerische Wirkung von Speisen in der Mythologie oft auf ihre symbolische Form zurückgeführt, während Küchenchefs in der ganzen Welt sich darin einig sind, dass wir mit unseren Augen essen, bevor wir etwas zu Munde führen. Die attraktive

Gestaltung trägt enorm viel zum Wohlbehagen bei, wenn wir ein Mahl verzehren.

Geht es um Snacks und Mahlzeiten, die unser Liebesfest verschönen sollen, hängt die Liste der Aphrodisiaka und Superfoods natürlich von unseren Vorlieben ab. In diesem Kapitel teile ich mit euch einige meiner Lieblingssnacks und -mahlzeiten, die die Freuden der Liebe unterstützen. Vielleicht findet ihr etwas, das euch anspricht oder es inspiriert euch zu eigenen Rezepten.

Johannas Lieblingsrezepte

Köstliche Snacks und Mahlzeiten für die Liebe, die Aphrodisiaka und Superfoods enthalten

Schokoladenküsse

Zutaten:

25 g dunkle Schokolade (70 % Kakaoanteile),
ca. 20 Erdbeeren,
¼ Chillischote, fein gehackt,
¼ Tasse leicht gesalzene Pistazien, fein gehackt,
¼ Tasse Kokosraspeln.
Man braucht ein Backblech, am besten bedeckt mit einem Backpapier.

Zubereitung:

1. Erdbeeren waschen, vollständig abtrocknen lassen. Nicht die Blütenstiele entfernen.
2. Die gehackten Chilischoten, Pistazien und Kokosraspeln in verschiedenen Gefäßen bereitstellen.
3. Die grob gehackte Schokolade im Wasserbad schmelzen, die Erdbeeren in die geschmolzene Schokolade stippen, etwas abtropfen lassen und einzeln abwechselnd in Chili, Pistazien oder Kokosraspeln stippen.
4. Auf dem Backblech trocknen lassen, bis die Schokolade hart geworden ist.

Man kann die Erdbeerküsse bis zu drei Tagen im Kühlschrank aufbewahren, sie schmecken aber am besten noch am gleichen Tag.

Variation: Wenn du es geschmacklich **einfacher** vorziehst, serviere die Erdbeeren mit Schokoladenüberzug und lass den Rest weg.

Schokoladenlächeln

Zutaten:

25 – 30 g dunkle Schokolade (70% Kakaoanteile),
6 Mandarinen,
Clementinen, oder 2 ½ mittelgroße Orangen.

Zubereitung:

1. Zitrusfrüchte schälen, in Stücke zerteilen. Schokolade im Wasserbad schmelzen.
2. Die Obststücke in die geschmolzene Schokolade tauchen und kalt stellen, bis die Schokolade hart ist.

Das Rezept mit Bananen ist auch köstlich und kann spaßig sein wegen ihrer phallischen Form.

Die Eigenschaften der Zutaten:

Erdbeeren waren früher als Symbol der Venus bekannt, der römischen Göttin der Liebe. Es gab im alten Griechenland eine Zeit, in der das Essen der herzförmigen Früchte und aller anderen roten Esswaren verboten war, was vielleicht zu dem Glauben an die besonderen Kräfte beigetragen hat. Obwohl Erdbeeren wahrscheinlich keine besonderen, magischen Eigenschaften besitzen, sind sie doch reich an Antioxydanzien und sekundäre Pflanzenstoffe, die Entzündungen in den Gelenken, vermindern, die Immunität unterstützen, den Cholesterinspiegel senken und gut sind für das Herz und die Augen. Auch enthalten sie Ellagsäure, die den Verlust von Kollagen und Entzündungen der Haut verhindert – zwei Hauptursachen für die Entwicklung von Falten, nachdem man sich zu lange den schädlichen UVB-Strahlen der Sonne ausgesetzt hat. Und nicht zu vergessen, der hohe Vitamin C Gehalt in den Erdbeeren, der sich positiv auf die Produktion von Sexhormonen und die Neurotransmitter im Gehirn auswirkt. Letztere fördern die Libido.

Dunkle Schokolade mit wenigstens 70% Kakaoanteilen wird als Aphrodisiakum und als Supernahrungsmittel angesehen. Die Schale der Kakaobohnen wurde bei den Mayas und Azteken als eine Form von Geld benutzt. Die Mayas waren dafür bekannt, dass sie für eine Nacht voller Leidenschaft in einem Bordell einige Kakaobohnen bezahlten. Von dem Herrscher Montezuma wird gerüchteweise berichtet, dass er nicht weniger als fünfzig Tassen Schokolade trank, um seine zahlreichen Ehefrauen zu befriedigen. Der berühmte Casanova erwähnt in seinen Memoiren ebenfalls Schokolade zur Erhaltung seiner Libido. Dunkle Schokolade ist nicht nur eine sinnliche Freude wegen ihres Geschmacks und ihres Aromas, sondern es erhöht auch die Ausdauer und verursacht den Anstieg von Dopamin, ein Hormon, das Lustgefühle auslöst. Wegen ihrer Inhaltsstoffe Phenylethylamin und Tryptophan vermittelt uns

Schokolade ein Gefühl, das oft verglichen wird mit dem Gefühl sich zu verlieben, sie hilft bei der Produktion von Serotonin, Glückshormon genannt, das die Laune hebt und sexuell anregt.

Chili ist ein Aphrodisiakum und enthält Capsaicin – das gibt ihm den scharfen Geschmack und stimuliert die Nervenenden auf der Zunge. Der Vorgang setzt Adrenalin frei, das den Herzschlag erhöht und zur Ausschüttung von Endorphinen führt. Endorphine sind natürliche Opiate, die im menschlichen Körper vorhanden sind. Chili brennt höllisch, wenn es außerhalb des Mundes mit der Haut in Berührung kommt.

Pistazien sind besonders gesund, weil sie zu den Nüssen gehören, die die meisten der Nährstoffe enthalten, die für den menschlichen Körper erforderlich sind: Beta-Carotin Kalzium, Kalium, Kohlehydrate, Kupfer, Folsäure, Eisen, Lutein und Zeaxanthin, Magnesium, Mangan, Niacin, Pantothensäure, Phosphor, Pottasche, Riboflavin, Vitamin A, B6, C, E, K, Zink, Ballaststoffe, Fette und Proteine. Pistazien sind so voll von Nährstoffen, dass nur 100 Gramm davon schon 562 Kalorien, 20% des täglichen Bedarfs an Protein, Ballaststoffen, Thiaminen und 13% des täglichen Bedarfs an Vitamin B6 enthalten. Eine Handvoll Pistazien täglich steigert die Libido entscheidend.

Kokosnüsse enthalten Vitamin C und wichtige Mineralstoffe wie Kupfer, Eisen, Magnesium, Mangan, Phosphor und Selen. Sie helfen die Knochen zu stärken, vermindern Entzündungen der Gelenke, reguliert den Blutzuckerspiegel und entspannen Geist und Körper. Man sagt, dass das Fruchtfleisch den Heißhunger kontrolliert. Das Kokosöl jedoch ist zu 100% gesättigtes Fett und sollte nur moderat verwendet werden.

Zitrusfrüchte gehören nicht nur vom Geschmack her zu den beliebtesten Obstsorten, sondern sind außerdem reich an Mineralstoffen,

Vitaminen und Ballaststoffen (stärkearmen Polysacchariden). Sie enthalten auch sekundäre Pflanzenstoffe, die vor vielerlei chronischen Krankheiten schützen. Abgesehen von dem hohen Gehalt an Vitamin C enthalten Zitrusfrüchte wichtige Nährstoffe wie Zucker und Ballaststoffe, Calcium, Kupfer, Folsäure, Magnesium, Niacin, Pantothensäure (Vitamin B5), Phosphor, Pottasche, Riboflavin, Thiamine und Vitamin B6. Sie sind vorteilhaft zur Gesunderhaltung der Fortpflanzungsfähigkeit bei Männern.

Bananen sind besonders gesund, reich an Pottasche, die Durchblutung der Herzkranzgefäße fördert. Sie enthalten Tryptophan, ein Protein das der Körper benutzt, um Serotonin herzustellen. Bananen sind ein bevorzugter Snack für Athleten und sie sind voll von Bromelain und Vitamin B. Beides sind Regularien für Testosteron. Sie sind nicht nur der männlichen Libido förderlich, sondern sie unterstützen auch die Prostata durch ihren Reichtum an Magnesium und Mangan.

Nudeln mal ganz anders
(Nicht vegane und vegane Version)

Nicht vegane Version

Zutaten:

160 g dünn geschnittener, geräucherter Lachs,

400 g Farfalle oder glutenfreie andere Nudeln,

1 Tasse klein geschnittener Broccoli,

2 Tassen Spinat,

½ Tasse fein geschnittene Frühlingszwiebeln,

½ Tasse saure Sahne,

2 Esslöffel blättrig geschnittene, geröstete Mandeln,

2 Esslöffel getrocknete Moosbeeren,

1 Tasse trockener Weißwein (oder alkoholfreier Weißwein),

2 Esslöffel Kokosöl oder Olivenöl,

1 Teelöffel Oregano, schwarzer Pfeffer und Salz,

2 Teelöffel gehackter Dill oder Petersilie (zur Dekoration)

Zubereitung:

1. Die Nudeln kochen, abgießen, 1 Tasse Nudelwasser für die Soße zurückbehalten.
2. Das Öl in einem mittelgroßen Topf erhitzen und den Broccoli 4 Minuten schmoren.
3. Weißwein, Frühlingszwiebeln, Mandeln und Moosbeeren dazugeben und 6 Min. köcheln.
4. Spinat dazugeben und weitere 2 Min. köcheln. Topf vom Feuer nehmen.
5. Das Nudelwasser zusammen mit dem Schmand in einer Schüssel mit einem Schneebesen vermischen, Oregano dazugeben und mit Salz und Pfeffer nach Geschmack würzen.
6. Soße zu den anderen, vorbereiteten Zutaten in den Topf geben und vorsichtig rühren.
7. Die gekochten Nudeln dazugeben und ein paar Minuten stehen lassen, damit die Nudeln die Soße absorbieren. Jetzt den Lachs dazugeben.
8. Warm und mit Dill oder Petersilie garniert servieren.

Vegane Version

Zutaten:

8 dicke Scheiben festen Tofu,
schwach gesalzene Sojasoße als Marinade für den Tofu,
vegane Nudeln deiner Wahl,
½ Tasse Soße aus Cashewnüssen und saurer Sahne (Rezept siehe weiter unten),
½ Tasse fein geschnittene Frühlingszwiebeln,
2 Tassen Spinat,
1 Tasse in Stücke geschnittenen Broccoli,
2 Teelöffel geröstete Mandeln, 2 Esslöffel getrocknete Moosbeeren,
1 Tasse Weißwein (oder alkoholfreien Weißwein)
4 Esslöffel Kokos- oder Olivenöl,

1 Teelöffel Oregano,

Salz und Pfeffer nach Geschmack (Vorsicht beim Salzen. Sojasoße enthält meist reichlich Salz.)

2 Teelöffel fein geschnittenen Dill oder Petersilie zur Dekoration.

Zubereitung:

1. Tofuscheiben für eine ¼ – ½ Stunde in die Sojasoße einlegen.
2. Marinierte Tofuscheiben auf beiden Seiten in Öl goldbraun braten, zugedeckt beiseite stellen.
3. Nudeln kochen, abgießen, dabei 1 Tasse für die Soße reservieren.
4. Öl in einen mittelgroßen Topf geben und Broccoli darin 4 Min. bei mittlerer Hitze garen.
5. Wein, Zwiebeln, Mandeln und Moosbeeren dazugeben und 6 Minuten köcheln, dann den Spinat dazugeben und 2 Min. weiter köcheln, zugedeckt beiseite stellen.
6. Für die Soße das Nudelwasser in einer Schüssel mit der Soße aus Cashewnüssen und saurer Sahne glatt rühren, Oregano, Salz und Pfeffer nach Geschmack dazugeben.

Zum Schluss die Soße über den Rest der Zutaten gießen und vorsichtig unterheben, einige Minuten stehen lassen, damit der Geschmack der Soße in die Nudeln einzieht.

Warm mit dem Dill oder der Petersilie servieren.

Rezept für Soße aus Cashewnüssen und saurer Sahne:

Zutaten:

¾ Tasse Cashewnüsse über Nacht einweichen,

1 Teelöffel Zitronensaft,

1 Esslöffel Apfelessig oder Dijonsenf,
¼ Tasse Mandeln oder Sojamilch,
eine Prise Salz.

Zubereitung:
Nüsse abgießen und mit den übrigen Zutaten in einem Mixer glatt mixen. In einem Behälter mit Deckel im Kühlschrank aufbewahren.

Die Eigenschaften der Zutaten:

Lachs wird für das gesündeste Nahrungsmittel auf dem Planeten gehalten. Manche Leute sagen, es sei exzellent, um die Erektion und die klitorische Stimulation aufrecht zu erhalten, weil es voll ist von Omega-3 Fettsäuren, die für gute Blutzirkulation zuständig ist. Sie liefern auch in hohem Maße das Antioxydationsmittel Aminosäure Taurin, Vitamin B12, B6, Vitamin D, Protein, Phosphor und Selen und ist eine gute Quelle für Biotin, Cholin, Phanthotensäure und Pottasche.

Achtung: Der beste Lachs ist der Wildlachs, da die Zuchtlachse möglicherweise Quecksilber und Pestizide enthalten.

Frühlingszwiebeln sind ein sehr gesundes und günstiges Nahrungsmittel und werden für ihren Gehalt am Vitamin C und K sehr gelobt. Vitamin C hilft dem Körper Kollagen aufzubauen, das die Knochen stark macht, während Vitamin K das Kalzium verarbeiten hilft, das die Knochendichte erhält. Eine Tasse Frühlingszwiebeln versorgt den Körper eines Mannes mit 89% des täglichen Bedarfs an Vitamin K, bei Frauen sind es 100%. Bei Vitamin C sind es 11 – 13% für Männer und Frauen bei einer Tasse. Man sagt auch, dass Frühlingszwiebeln unter anderen entzündungshemmend wirken, grünen Star und Krebs verhindern, die

Gesundheit von Augen und Herz fördern, den Blutzucker kontrollieren, den Cholesteringehalt im Blut sowie den Blutdruck senken.

Spinat hat seinen Ruf als Ernährungskraftpaket von seinem Gehalt an Eisen, gesundheitsfördernden Carotinoiden (Carotin, Lutein und Zeaxanthin) die Entzündungen und Krebs entgegenwirken und wichtig für die Augen sind. Als Aphrodisiakum fördert Spinat die Produktion von Testosteron und steigert die Libido bei Frauen und Männern, während er die Produktion von Östrogenen bei Männern stoppt. Er ist eine exzellente Quelle für die Vitamine A, C, K, Folsäure, Vitamin B12, Magnesium, Mangan und Zink.

Broccoli ist voll von Ballaststoffen, die das Cholesterin aus dem Körper ziehen (mit Cholesterin verstopfte Venen verhindern bei Frauen die Fähigkeit zum Orgasmus und bei Männern die vollständige Erektion). Broccoli enthält Omega3 Fettsäuren, Kampfer und Isothiocyanate (Senföle), beide wirken Entzündungen entgegen. Außerdem enthält er Kalzium, Vitamine C und K und mehrere entgiftende Stoffe. Die Ballaststoffe fördern die Verdauung, verhindern Verstopfung und die Zufuhr von zu vielen Kohlehydraten. Eine Tasse Broccoli enthält so viel Protein wie eine Tasse brauner Reis, hat aber halb so viele Kalorien.

Mandeln sind hochgradig gesunde Nahrungsmittel, die das sexuelle Verlangen sowie die Fähigkeit zur Reproduktion fördern. Schon in der Antike diente ihre Form als Fruchtbarkeitssymbol. Ihr Aroma soll die Leidenschaft von Frauen wecken und Schriftsteller und Poeten singen ihr Loblied. Sie enthalten eine hohe Dosis Vitamin E (ein Antioxydans, das gut ist für die Gesundheit des Herzens und der Sexualität), Magnesium, Omega3 Fettsäuren, Selen, Zink und Ballaststoffe.

Moosbeeren helfen, bei Frauen Entzündungen der Blase nach dem Sex zu verhindern und sind hilfreich bei der Produktion von Spermien. Sie sind nahrhaft und gesund durch ihren Gehalt an Antioxydantien, an Vitaminen C und B, die wichtig sind für die Balance der Hormone, Vitamine E und K, Mangan und eine große Auswahl an Stoffen, die den Körper vor den schädlichen freien Radikalen und vor Entzündungen sowie Krebs schützen.

Dill kann Krämpfe während der Menstruation verhindern, Depressionen mildern, den Cholesterinspiegel senken, die Verdauung fördern, spendet Energie und wirkt antibakteriell. Außerdem ist es reich an ätherischen Ölen.

Petersilie ist unter anderem hilfreich bei Diabetes, Osteoporose, rheumatische Arthrose und Krebs. Sie kann als Schmerzmittel und gegen Entzündungen verwendet werden. Sie hilft bei Verdauungsstörungen, Magenkrämpfen, Blähungen und Übelkeit und stärkt das Immunsystem. Außerdem enthält sie Vitamin C, ätherische Öle, Flavoride, Folsäure, Beta-Carotine und Vitamin A.

Tofu ist eine ausgezeichnete Quelle für Protein, Kupfer, Zink, Vitamin B1, Kalzium, Eisen, Mangan, Selen und Phosphor. Es kann hilfreich sein zur Förderung der Libido wegen ihrer Eigenschaft, das Cholesterin im Blut zu senken und fördert die Knochendichte, weil es Isoflavone enthält. Auch enthält es alle acht wichtigen Aminosäuren. Eine halbe Tasse Tofu liefert 44% des Kalziums, 40% des Eisens und 9% des Magnesiums, das der menschliche Körper täglich benötigt.

Cashewnüsse liefern Energie, helfen dem Gedächtnis und unterstützen die gute Laune und die Libido. Sie sind eine unendliche Quelle von Mineralien, wie Kupfer, Eisen, Magnesium, Mangan, Selen und Zink.

Außerdem enthalten sie die Vitamine B5 und B6, E, K, Riboflavin und Thiamin. Cashewnüsse enthalten viele Kalorien aber auch reichlich Ballaststoffe. Sie sind ein Schutz gegen viele Krankheiten, auch Krebs.

Avocado-Wirbel, ein Salat für den sensiblen Gourmet

Zutaten:

2 Avocados,

2 Tassen Spinat,

½ Tasse Kürbiskerne (roh oder geröstet),

1 Gurke,

1 mittelgroßen Apfel,

2 mittelgroße Pfirsiche,

½ Tasse Himbeeren,

½ mittelgroße, rote Zwiebel.

Für das Dressing:

½ Tasse Olivenöl,

¼ Tasse trockenen Rotwein (auch ersetzbar durch Rotweinessig),

1 EL Zitronensaft,

1 TL Oregano,

1 TL Basilikum,

1 klein gehackte Knoblauchzehe,

1TL Sojasoße,

Salz, Pfeffer

Zubereitung:

Die Zutaten für das Dressing vorsichtig mischen und kalt stellen (im Kühlschrank hält es sich drei Tage). Dann den Spinat waschen, trocknen lassen, Obst waschen, den Apfel vom Kerngehäuse befreien, klein schneiden und den Pfirsich entkernen, klein schneiden. Avocado, Gurke klein schneiden, Zwiebel in dünne Scheiben schneiden. Dann alles in einer Schüssel mit der Salatsoße mischen und servieren.

Die Eigenschaften der Zutaten:

Avocado wird schon in den Zeiten der Azteken als Aphrodisiakum erwähnt. Der Name der Frucht in der Sprache der Azteken ist „ahuacatl", was wörtlich übersetzt Testikel heißt. Die Azteken glaubten so sehr an die Kraft der Avocados, dass Jungfrauen in der Zeit der Ernte das Haus nicht verlassen durften. Der Sonnenkönig Ludwig XIV verwendete Avocados in seinen späteren Jahren zur Steigerung seiner Libido und nannte sie „la bonne poire", zu deutsch „die gute Birne". Die birnenförmige Avocado ist eine ergiebige Quelle an Vitamin E, das stärkend auf das Immunsystem wirkt und unserer Haut ein jugendliches Aussehen verleiht. Sie ist reich an ungesättigten Fettsäuren und niedrig gesättigtem Fett, was sie bekömmlich macht für Herz und Arterien und Störungen der Erektion entgegenwirkt. Der Reichtum der Avocados an Folsäure, Vitamine B6 und B9 spendet Energie und erhöht die Produktion an Testosteron. Sie ist ein reichhaltiges Nahrungsmittel, das zwanzig verschiedene Vitamine und Mineralien enthält. Avocados können uns unter anderem vor Herzkrankheiten, Krebs, degenerativen Augen- und Hirnkrankheiten bewahren.

Spinat hat seinen Ruf als Ernährungskraftpaket von seinem Gehalt an Eisen, gesundheitsfördernden Carotinoiden (Carotin, Lutein und Zeaxanthin) die Entzündungen und Krebs entgegenwirken und wichtig für die Augen sind. Als Aphrodisiakum fördert Spinat die Produktion von Testosteron und steigert die Libido bei Frauen und Männern, während er die Produktion von Östrogenen bei Männern stoppt. Er ist eine exzellente Quelle für die Vitamine A, C, K, Folsäure, Vitamin B12, Magnesium, Mangan und Zink.

Kürbiskerne sind reich an Zink, enthalten L-Tryptopan, das im Körper in Serotonin umgewandelt wird und Niacin, das uns zu schlafen und zu entspannen hilft, sind reich an Magnesium, das Stress abbaut und bei der Produktion von einigen Sexhormonen hilft. Sie enthalten Vitamin E und K sowie Phytosterole (Cholesterin senkend) und viele andere Mineralstoffe, wie Phosphor, Mangan, Eisen und Kupfer. 100 g Kürbiskerne enthalten 30 g Ihre Inhaltsstoffe verhindern die Bildung von

Nierensteinen, vermindern Entzündungen, wirken Arthritisschmerzen entgegen und halten die Prostata gesund.

Gurken sind eine „Quelle der Jugend" wegen ihres Silicea-Gehalts, das das Bindegewebe unterstützt und die Haut jugendlich erhält. Sie gelten nicht nur wegen ihrer phallischen Form als Aphrodisiakum, sondern auch durch ihre Nährstoffe, die die sexuelle Gesundheit erhalten. Der Geruch von Gurke vermischt mit Lakritze soll auf Frauen sehr erregend wirken. Gurken gehören zu den gesündesten Nahrungsmitteln wegen ihrer pflanzlichen Inhaltsstoffe, die den Körper schützen und Krankheiten verhindern wie Flavoride, Lignante und Triterpene mit Antioxydantien, Entzündungshemmern und Eigenschaften gegen Krebs.

Äpfel treten zu allen Zeiten in der menschlichen Geschichte auf, nicht nur als Symbol für Schönheit, Gesundheit und Wissen, sondern auch als Verführer. Während in der Bibel Eva Adam mit einem wunderschönen Apfel verführt, warf im alten Griechenland ein Soldat, anstatt seiner Geliebten einen Ring an den Finger zu stecken, einen Apfel nach ihr. Fing sie ihn, waren sie verlobt. Die alten Römer hielten den Apfel für ein luxuriöses Aphrodisiakum und im Persien der Antike durfte ein Mädchen in ihrer Hochzeitsnacht nichts als Äpfel essen, um ihre Fruchtbarkeit zu sichern. Forscher behaupten, dass das Essen von mehr Äpfeln zu besserem Sex bei Frauen führe. Die Früchte enthalten und Polyphenole und ein gängiges Phytoöstrogen, ähnlich dem Estradiol, beides weibliche Sexhormone, die eine Rolle bei der vaginalen Feuchthaltung spielten und den weiblichen Erregungsmechanismus sowie ihre Sexualität unterstützt. Äpfel sind reich an Antioxydantien, die die natürliche Alterung aufhalten und wirksam sind gegen Krebs.

Pfirsiche sind reich an Vitamin C. Es hat sich gezeigt, dass dieses Vitamin die Zahl der Spermien erhöht und die Verklumpung des

Spermas reduziert, während es das Immunsystem stärkt. Pfirsiche enthalten Vitamin A und Beta-Carotin (erhöht die Sehkraft), Folsäure und Pantotensäure, Niacin, Pottasche, Vitamine E und K, Magnesium, Phosphor, Zink, Kupfer, Mangan, Eisen und Kalzium. Diese Mineralstoffe unterstützen die roten Blutkörperchen, Knochen und Nervenzellen.

Himbeeren gehören zu den nahrhaftesten Früchten der Welt. Sie sind für Männer und Frauen ein Aphrodisiakum. Sie wirken muskelentspannend im weiblichen Genitalbereich, während ihr hoher Gehalt an Phytoöstrogenen das Gehirn sowie die Libido des Mannes anregt und seine Ausdauer unterstützt. Die Früchte sind reich an Anthocianin, besonders an Ellagsäure, die gegen Krebs wirkt. Studien haben gezeigt, dass Ellagsäure das Wachstum von Tumoren verhindert, die durch Karzinogene entstanden sind und gleichzeitig die DNA vor Schädigungen durch Bestrahlung schützt. Das Anthocyanin, das in Himbeeren gefunden wurde, schützt vor Herzkrankheiten und Problemen beim Nachlassen der geistigen Kräfte. Gleichzeitig spendet es Energie und Wohlbefinden.

Rote Zwiebeln enthalten viel Sulfur, das den Körper bei seiner natürlichen Entgiftung unterstützt. Sulfur bindet Schwermetalle im Blut und spült die Gifte aus dem Körper. Es ist entscheidend für die Gesundheit unserer Hormone, Nerven, Enzyme und der roten Blutkörperchen. Zwiebeln (rote und weiße) fördern das Immunsystem und sind reich an Quercetin (ein Bioflavorid), das überschüssiges Östrogen aus den Körper entfernt und stimuliert die Leber beim Entgiften des Östrogen und anderen karzinogenen Stoffen. Querecetin ist wichtig bei der Verhinderung oder Behandlung von Brustkrebs, Krebs der Eierstöcke des Uterus und der Prostata.

Rotwein kann entspannen und uns in romantische Stimmung versetzen. Er enthält Resveratrol, ein starkes Antioxydans, das Entzündungen entgegenwirkt und unser Blut buchstäblich durch die Adern jagt. Der Alkohol in Rotwein, Champagner und Schaumwein wird von unserem Blut schnell aufgenommen und trägt zu unserer Entspannung, guten Laune und romantischen Stimmung bei. Generell wird Alkohol wegen seines physiologischen Effekts zu den Aphrodisiaka gezählt. Doch wie schon Shakespeare sagt: „Alkohol weckt das Verlangen, nimmt aber die Leistungsfähigkeit." Mit anderen Worten: Je mehr – desto weniger!

Dazu eine Bemerkung: Wenn du gar keinen Alkohol trinkst, kannst du stattdessen auch zu weißem oder roten Traubensaft greifen. Er enthält ebenso viel Resveratrol wie Rot- oder Weißwein. Andere Quellen für Resveratrol sind Blaubeeren, Moosbeeren Kakao, dunkle Schokolade, Erdnüsse und Pistazien. Resveratrol hilft auch bei Pilzerkrankungen. Gegen Schädigungen bei ultravioletten Strahlungen, Stress und bei Verletzungen.

Im letzten Kapitel dieses Buches findest du eine verlängerte Liste von Aphrodisiaka. Vielleicht wird sie dich zu noch mehr Rezepten und herrlichen Liebesmahlzeiten inspirieren.

Viel Spaß!

GEHEIMNIS NUMMER 12

BEWAHRE DEN ZAUBER IN DER BEZIEHUNG

Ein liebendes Herz ist schooner, als ein attraktives Gesicht.

Schönheit ohne solide Basis vergeht wie billige Farbe.

Die Zeit vergeht. Wir spüren die Vergänglichkeit in Beziehung zu unserem Körper, unseren Gefühlen, unserem Denken und unserem Zusammensein miteinander. So funktioniert die Welt, in der wir leben. Obwohl die Zeit nach der Quantenphysik und laut vielen philosophischen und spirituellen Vorstellungen eine Illusion ist – nehmen wir die Vergänglichkeit in unserer täglichen, monatlichen Erfahrung wahr, von Geburtstag zu Geburtstag, und wir geben ihr eine Bedeutung. Wir stellen fest, dass alles geboren wird und lebt, jeder einzelne Organismus, jede Pflanze, jedes Tier, jeder Mensch, Stein, Planet und Stern, um dann schließlich an sein unabwendbares, physisches Ende zu gelangen. Königreiche entstehen, blühen auf und vergehen.

Reichtümer, eben noch im Wachsen begriffen, zerrinnen über Nacht. Denkweisen ebenso wie ganze Zivilisationen entwickeln sich und verschwinden wieder. Das ist nicht traurig. Es ist einfach nur die Natur der Dinge.

Dank der Lebenszyklen können wir unsere eigene Existenz erfahren und sowohl mit dem Herzen als auch mithilfe der Zeit messen.

All das ist stofflicher Natur und hat auf die eine oder andere Weise mit der Zeit zu tun. Und was nicht stofflich ist, kennt keine Zeit, so sagt die Wissenschaft, und so ist die tausende von Jahren alte philosophische und mystische Ansicht.

Wenden wir uns aber der Liebesenergie zu, dann fühlen wir ihre Zeitlosigkeit.

Die Liebe stirbt nicht. Sie fährt fort zu wachsen.

Manchmal sehen wir alte Paare, deren Liebe sie so sichtbar über Jahrzehnte zusammenhält. Wir stellen fest, wie jugendlich sie trotz ihrer Falten und ihrer gebrechlichen Körper wirken. Wir bewundern das Strahlen in ihren Augen und ihr glückliches Lächeln. Ihr Zusammensein ist wunderschön und inspirierend.

Unsere eigenen Augen leuchten, wenn wir ihre Liebe sehen und wir seufzen, weil auch wir uns danach sehnen. Wir rätseln, was wohl ihr Geheimnis ist und wünschen uns, wir könnten das gleiche Glück erfahren.

Die Liebe lässt uns strahlen und die Zeit hat keinen Einfluss darauf.

Egal wie alt oder wie jung wir sind, wenn uns die Liebe erfüllt, leuchtet unsere innere Schönheit.

Wenn die Leute ein liebendes Pärchen sehen, sagen sie oft: „Ihr seid so schön miteinander!" In der Tat ist die Vereinigung zweier Herzen – jedes für sich speziell und voller Wertschätzung für den anderen – wunderschön. Darum geht es bei der wahren Liebe: Die Zweisamkeit zu entdecken, während wir das Herz des anderen anbeten, den Teil in uns, in dem wir unsere eigene, wunderschöne Wahrheit bewahren, den Kern unserer Essenz, unser reines und mächtiges, inneres Selbst.

Es gibt Geschichten von Paaren, deren Liebe durch schwierige Situationen, die ihre Beziehung durchaus hätten zerstören können, auf eine harte Probe gestellt wurde und viel Kraft und Hingabe erforderte. Wir sind tief berührt von ihren Geschichten und bewundern ihren heldenhaften Mut, wie sie sich nie aufgegeben haben und dadurch ihre wahre Liebe zueinander bewiesen.

Ich glaube, dass wir alle mehr als eine Gelegenheit haben die Liebe in uns auszudrücken. Unsere Herausforderungen mögen nicht ganz so dramatisch sein wie das, was wir aus Büchern oder Filmen erfahren. Dennoch wird auch die kleinste Möglichkeit, in der wir für den geliebten Menschen unseres Herzens eine Anstrengung machen, um ihm das Leben zu erleichtern oder ihm zu Hilfe zu kommen, zu der Geschichte, die wir von unserer Liebe erzählen können.

Patrick und ich haben unsere ganz eigene Art Geschichte.

Einige Monate, nachdem wir geheiratet haben, hatte ich einen Unfall, der mich für viele Jahre auf die Hilfe von meinem Ehemann abhängig machen sollte. Was mir passierte, sah zunächst gar nicht so ernst aus. Ich brach mir lediglich meinen Ellbogen – aber, das wurde sehr bald zu einem Alptraum. Ich entwickelte eine Neuralgie, die sich Komplexes regionales Schmerzsyndrom (*Complex Regional Pain Syndrom, CRPS*) oder Morbus Sudeck nennt. Das ist eine sehr schmerzhafte Krankheit mit vielerlei Komplikationen, die jeden Tag schwer ertragen ließen. Das Syndrom erfasst den ganzen Körper, schwächt ihn, und es ist schwierig sich zu bewegen. Außerdem wirkt es sich auf die verletzte Region aus – sie wird extrem empfindlich gegen jede Art von Berührung. Selbst wenn man vorsichtig darauf bläst, erzeugt das quälende Schmerzen. Es gibt keine Heilung für diese Krankheit und Schmerzmittel helfen nicht. Man sitzt einfach über Jahre damit fest. Man kann nicht für sich sorgen, nichts im Haushalt tun und man ist außerstande zu arbeiten.

Ich verbrachte die ersten zwei Jahre nach dem Unfall in einem Armsessel. Oft schlief ich auch darin, weil das die einzige Position war, in der ich schlafen konnte, wenn überhaupt. Die meiste Zeit weinte ich einfach vor Schmerzen. Jede einzelne Bewegung, jede Berührung verursachte mir so viele Schmerzen, dass ich während dieser Jahre nicht einmal irgendwelche Kleidung tragen konnte außer meinem Schlafanzug. Ich war vollständig von Patrick abhängig. Essen, Waschen – alles lag in seinen Händen, vor allem aber war ich auf seine Geduld und seine Liebe angewiesen.

Ich komme jetzt viel besser zurecht, seit ich mit dem Schmerz umgehen kann. Schritt für Schritt und mit der Erfahrung als Heilerin und indem ich die Techniken der alten Meister anwende, fand ich einen Weg, mit meiner Situation fertig zu werden. Es ging aber nicht ohne Patricks Liebe und Unterstützung, Mir ist durchaus bewusst, wie sehr mir die Hingabe und Kraft meines Ehemannes und seine unvorstellbare Güte durch die dunkelsten Stunden meines Lebens geholfen hat. Und mir ist ebenso bewusst, dass ich, um all das ertragen zu können, in meinem Herzen die Liebe finden musste, die mich unsere Beziehung, das Leben und mich selbst nicht aufgeben ließ. Ja, die Liebe hat mich motiviert weiterzumachen, meine Bücher zu schreiben, während mir die Tränen vor Schmerzen das Gesicht hinunterliefen, mein Herz dem Leben zu öffnen, wie ich es anders nicht hätte tun können, trotz aller Erfahrungen, die ich bereits hatte.

Wenn wir uns auf die Liebesenergie einstimmen, wird unser Herz lebendig.

Hier und jetzt, in genau diesem Augenblick finden wir alles, was wir wissen müssen. Wir erkennen nicht nur unsere Bestimmung, wir fangen auch an sie zu leben.

Für viele Menschen bleibt die Liebe eine abstrakte Idee, es sei denn, sie bekommen durch die romantische Liebe Zugang zu ihr. Es ist ganz natürlich, wenn man sich durch die Erfahrung einer liebevollen Beziehung mit der Liebesenergie verbindet und dadurch sein Herz öffnet. Wir alle sehnen uns nach Liebe und wenn wir erst einmal ihre Energie spüren, bekommt unser Leben eine völlig andere Bedeutung. Nichts ist mehr unbeabsichtigt oder nebensächlich oder voll von Versuchen sich besser mit sich zu fühlen. Wenn uns die Liebe erfüllt, fühlen wir uns vollständig. Wir wollen auf einmal ein Leben führen, das Bedeutung hat und aufrichtig ist, und wir würden uns nicht mehr mit weniger zufrieden geben. Alles wird gut in unserer Welt, wenn wir voller Liebe sind. Unser Leben ist mit unserer inneren Wahrheit auf einer Linie. Jede Erfahrung wird bedeutungsvoll und lehrt uns mehr über uns selbst. Alle Ängste sind leicht zu bezwingen, wenn wir die Kraft der Liebe spüren.

Meine Krankheit half uns beiden nicht nur, uns mit der Energie der Liebe zu verbinden, sondern sie führte uns auch die Kostbarkeit unserer Beziehung vor Augen. Erst durch unser Zusammensein war uns möglich, unsere eigene Einmaligkeit zu erforschen. Patrick lernte seine Kräfte durch diese Situation kennen, die einer Feuerprobe gleichkommt. Er weiß nun, wozu er wirklich fähig ist. Ich dagegen erkannte meine wahre Stärke, während ich vollkommen verletzbar war.

Oh ja, mein Ego bekam einen gewaltigen Stoß, als ich die machtvolle Rolle der Produzentin und Regisseurin abgeben und demütig zugeben musste, dass ich Hilfe brauchte. Ich war unendlich enttäuscht von mir, als ich gezwungen war zu erkennen, dass ich mich von der Leidenschaft meines Lebens zu verabschieden hatte – Filme zu machen – um stattdessen der rauen Wirklichkeit meiner Situation ins Auge zu sehen. In meiner Vorstellung hörte ich auf, in irgendeiner Weise attraktiv zu sein, und deshalb glaubte ich auch jeden Grund verloren zu haben das Leben zu genießen. Doch unsere Liebe enthüllte mir, was wirklich wichtig war, und das entsprach keineswegs meiner Vorstellung. Ich erkannte, dass es keine Rolle spielte, ob ich in der Lage war, Filme zu drehen oder nicht, ob ich physisch fit war, ob ich die Dinge tun konnte, die ich gewöhnt war zu tun. Wichtig war stattdessen, dass ich mir erlaubte zu sein, wer ich bin, ohne mir etwas beweisen zu wollen.

Die unausgesetzte Unterstützung meines Mannes, seine Fürsorglichkeit und Liebe zu mir halfen mir die Person anzunehmen, die ich durch meine Krankheit geworden war. Er zeigte mir zu jeder Zeit den Wert meines Herzens. Er erinnerte mich immerzu an seine Schönheit. Und er verhalf mir dazu, trotz meines Krankseins, trotz meiner Schmerzen und meines Begrenzt seins wirklich die Tatsache zu akzeptieren, dass ich vollständig ganz und wunderschön bin.

Ich entdeckte aufs Neue, was Anziehung wirklich bedeutet. Es ist die Schönheit unseres Herzens, die niemals vergeht. Und wahre Liebe lehrt uns diese Weisheit. Ich weiß, dass ich das große Glück hatte, einen Mann zu heiraten, dessen emotionale Reife und Lebensklugheit außergewöhnlich sind, und das nicht nur, weil er so jung ist. Mir ist jedoch auch bewusst, dass jeder von uns Schichten um Schichten dieser Weisheit in sich trägt. Wir müssen uns nur gestatten, unsere Herzen zu öffnen. Wenn wir durch die Augen der Liebe auf das Leben blicken, anstatt die Wahrnehmung durch unsere Konditionierung, unsere Programmierung und unsere Furcht zu filtern, sind wir in der Lage unsere eigene Schönheit zu entdecken, und dann wollen wir einfach nur in das Leben verliebt bleiben.

Obwohl eine Geschichte wie die unsere sich nicht allzu oft ereignet, glaube ich doch, dass sie die verschiedenen Möglichkeiten widerspiegelt, die viele Paare im Laufe ihrer Beziehung durchleben. Sie hoffen das Beste, sie haben zerbrochene Träume und versuchen das, was falsch gelaufen ist, in etwas Gutes, Solides und Reales zu verkehren.

Wir alle haben jeden Tag mit den verschiedensten Herausforderungen zu kämpfen. Wir alle möchten die Liebe finden und uns in unserem Leben gut fühlen. Und dann kommen wir an einen Scheideweg, an dem wir wählen müssen, was uns am wichtigsten ist.

Wenn wir unsere eigene Wahrheit entdecken und anfangen, sie aus den Tiefen unseres Herzens zu leben, dann sind wir endlich in unseren eigenen Augen anziehend. Und das ist die Schönheit, die unabhängig von Äußerlichkeiten, unserer Position, unserem finanziellen Status, Talent oder unseren Fähigkeiten ist.

Wir können die Anziehung in unserer Beziehung nicht aufrechterhalten, wenn wir unser eigenes Herz und das des anderen in unserer Zweisamkeit nicht schätzen.

Es ist die Wahrheit unseres Herzens, die uns wahrhaft anziehend macht.

Nichts ist mit dieser Schönheit zu vergleichen. Nichts anderes widersteht dem Verrinnen der Zeit.

Geheimnis Nummer 13

Der richtige Gebrauch der Geheimnisse der Liebe

Erwartungen versus Verwirklichung

Ungezählte Artikel und Schriften haben uns den Weg zur Idee der Ziel orientierten Beziehung gewiesen. Das Internet ist voll von Anleitungen, die von Hinweisen sprechen, nach welchen

Partnern/Partnerinnen man suchen soll, welche Regeln zu beachten sind, um eine befriedigende Beziehung zu erreichen und so fort. Während es immer mehr Ratschläge dieser Art werden, gibt es keineswegs weniger Scheidungen.

Sich hinzulegen und zu versuchen, Erwartungen zu erfüllen, ist nicht der richtige Weg. Weder dein Leben noch deine Beziehung sind ein Test.

Obwohl die sogenannten „Beziehungsziele" ganz harmlos oder sogar zunächst konstruktiv aussehen können, tragen sie in Wahrheit nichts zu deiner Liebe bei. Ganz im Gegenteil können sie ziemlich zerstörerisch für deine Beziehung sein, deine wahren Werte untergraben und dich für eine mögliche Enttäuschung vorbereiten. Der Versuch, die Erwartungen des anderen zu erfüllen kann dir gänzlich die Freude am Zusammensein nehmen. Und wenn die Freude abhandenkommt, kann keine Liebe einziehen.

Ebenso wenig wie es eine Person gibt, die irgendwo in der Welt auf dich wartet, so wenig gibt es eine ideale Beziehungsgussform, die du einfach auf dein Leben übertragen kannst.

Wir jagen voller Sehnsucht unseren Wunschträumen nach, schauen uns die Glanzfotos perfekter Paare in den entsprechenden Magazinen an oder die „digitalen Beziehungen" im Internet, während wir vielleicht völlig blind sind für das, was wir wirklich haben. Anstatt zu überlegen, wie wir sie/ihn dazu bewegen können „sich richtig zu benehmen", „die richtigen Antworten zu geben", „liebenswürdig" zu sein – warum finden wir nicht heraus, wer die Person an unserer Seite wirklich ist? Am Ende überrascht sie uns noch mit dem, was sie der Welt zu bieten hat und was sie folglich in unsere Beziehung einbringen kann. Jeder Mensch ist imstande sich unerwartet in eine wahre Goldmine voller Schätze zu verwandeln. Wenn wir ihm nur die Freiheit gewähren, sein Herz sprechen zu lassen, eröffnen sich uns ungeahnte und wertvolle Erfahrungen in unserem Leben. Unterstützen wir den Menschen an unserer Seite in dem, was er ist, anstatt ihn in den Rahmen des Phantasiebildes, das wir von ihm haben, pressen zu wollen, dann wird er zu einem seltenen und überraschenden Hauptgewinn.

Nicht auf die Erwartungen, die wir an unseren Partner/unsere Partnerin haben, sollten wir unser Augenmerk richten, sondern auf unsere eigenen Verwirklichungen.

Die Person, die wir vor uns haben, IST einzigartig. Die Beziehung, die du mit ihr hast, IST einzigartig. Sie ist mit keiner anderen Beziehung zu vergleichen.

Es ist deine ureigene Geschichte, die du erzählen musst.

Vergiss das nie, während du weiter die Geheimnisse der Liebe in deiner eigenen Beziehung erforschst. Versuche nicht das, was du hast, an die Richtlinien eines anderen anzupassen. Du weißt nicht, was sich hinter ihren verschlossenen Türen verbirgt. Du kennst nicht ihre Wahrheit. Du siehst nur die Oberfläche, während du das, was sie haben, idealisierst oder verdammst.

Was du hast, ist real. Deine Erfahrungen sind wichtiger als das, was wohlmeinende Freunde dir erzählen können, was deine Familie oder die Gesellschaft von dir erwartet oder irgendein Liebesguru dir beizubringen versucht. Hör nicht auf sie. Du weißt es am besten. Du kennst deine Beziehung wie kein anderer.

Du und dein Partner/deine Partnerin sind die alleinigen Erbauer eures gemeinsamen Glücks.

Wenn du eurem Glücklich sein den Vorrang in eurer Beziehung gibst, wirst du dein eigenes Geheimnis entdecken, das dieses Glück wahr macht.

Alles was du dafür brauchst, ist, dir die Energie der Liebe bewusst zu machen.

Je höher die Stufe unseres Liebesbewusstseins ist, desto mehr Glücklich sein im Leben können wir für uns und andere kreieren.

Glück verhilft uns zu neuen Ideen, es lässt uns über spezielle Informationen hinausgehen, in anderen Dimensionen denken und kreativere Lösungen finden. Es eröffnet uns ein besseres Verständnis für den Mechanismus des Lebens, erweitert unseren Horizont und lässt uns weit über unsere Grenzen hinauswachsen.

Das Schicksal deiner Beziehung hängt von deinem Glücklich sein ab. Dein Glücklich sein hängt von deinem Liebesbewusstsein ab. Dein Liebesbewusstsein hängt davon ab, ob du dein Herz für die Energie der Liebe öffnest oder nicht.

Die Liebe testet dich niemals. Sie lässt dich einfach sein.

Wenn du dich auf anderem Wege in die Liebesenergie einschwingen willst als den, dich deinem Partner/deiner Partnerin zu öffnen, kannst damit beginnen, Menschen und Ereignisse in deiner Umgebung zu beobachten. Nimm die wahre, menschliche Freundlichkeit wahr, die sich unter ihrer Unzulänglichkeit verbirgt. Tief drinnen wollen wir alle das Gleiche: Ein glückliches und erfülltes Leben.

Die gesamte Natur drückt auf die eine oder andere Weise Freude am Leben aus. Sie vibriert vor Fröhlichkeit. Sie macht sich keine Sorgen über Dinge, die sie nicht kontrollieren kann und sie macht das Beste aus ihren Fähigkeiten. Schau, wie spielerisch Vögel und Tiere sind, wie die Vegetation blüht und gedeiht. Sie will uns damit sagen, dass es sich nicht nur lohnt, sondern sogar entscheidend wichtig ist, unser Leben zu feiern.

Die Liebe bringt Leben hervor, und sie unterstützt Leben.

Sich auf die Liebesenergie einzuschwingen bedeutet zu lernen, wie man allem, was gut ist, so wie es ist, Vertrauen schenkt. Alles ist gut und in Ordnung – heute, morgen und jeden Tag. Was wir gerade durchleben, ist einfach nur eine weitere Erfahrung, die uns helfen kann zu wachsen. Wenn wir wachsen, erkennen wir den wahren Wert dieser Erfahrung. Die Wertschätzung jeder Erfahrung verhilft uns zu einem glücklichen Leben.

Wir müssen aber zuerst uns selbst akzeptieren und das Leben wertschätzen. Dieses Gefühl muss von innen kommen, trotz aller äußeren Umstände, trotz des Zustandes unserer Finanzen oder unserer Gesundheit oder irgendetwas anderem, das eventuell unserer Zufriedenheit mit dem Leben und uns selbst im Wege steht.

Ob du nun eine liebevolle, befriedigende Beziehung mit dir selbst und der Welt hast ODER Unglücklich sein, Bitterkeit und Einsamkeit akzeptieren willst – beides erfordert die gleiche Energie und Anstrengung von dir.

Ob du eine liebevolle und befriedigende Beziehung mit deinem Partner/Partnerin/Ehehälfte haben willst ODER, ob du riskierst, dass ihr beide in einem Kreislauf unerfüllter Erwartungen und Unglück stecken bleibt – beides erfordert die gleiche Energie und Anstrengung von dir.

Es hängt ausschließlich von dir ab, nicht von anderen, nicht von den Umständen, wohin du von hier gehen willst. Nimm alles, was du gelernt hast in die Hand und sieh es als Inspiration, nicht als Regulativ. Erlaube dir die Freiheit, die Energie der Liebe zu erforschen.

Finde Freude daran das Leben miteinander zu zelebrieren. Mach deine Beziehung zu deiner ureigenen Geschichte, ganz nach deinem Geschmack.

Und dann sei freundlich und lass andere an deinen Geheimnissen der Liebe teilhaben.

Wir alle teilen das gleiche Schicksal. Wir alle sind voller Liebesgeheimnisse.

Geheimnis Nummer 14

Einfach so zum Spaß

Kosenamen im Namen der Liebe machen uns glücklich und verspielt.

 *in Brief an die Liebe:*

„Teure Liebe,

darf ich mich vorstellen? Ich bin ein treuer Lover. Mein Herz fließt über vor Zuwendung, Zärtlichkeit und Hingabe. Ich hab schon einiges davon über meine Ehehälfte, die Kinder in verarmten Ländern, den Park in unserer Nachbarschaft und unsere zwei Hunde ausgegossen. Aber ich habe dennoch das Gefühl, als fehle etwas, und ich weiß nicht, was es ist. Das was ich mit anderen teile, fühlt sich irgendwie unvollständig an. Ich möchte Dir besser dienen. Bitte lass mich wissen, was ich noch tun kann.

Herzlichst,

Dein Lover"

 *in Brief von der Liebe:*

„Teurer Lover,

danke, dass Du mich in Dein Leben einlädst. Ich habe gerade ein Kartenspiel mit meinem Nachbarn beendet. Herz war Trumpf. Ich habe gewonnen. Ich habe vor, eine Mitteilung über meine Eingangstür zu hängen, auf der geschrieben steht: „Bedecke meine Altäre mit Schokolade, wirf Deine Sorgen von Dir und tanze!" Ich brauche jemanden, der mir dauerhaft hilft. Willst Du es sein?

Spielerisch,

Deine Liebe"

Eins der größten Wunder in der Liebe ist, dass das Geben von Liebe weitaus lohnender ist als Liebe zu empfangen. Und dabei spielerisch zu sein macht es nicht nur leichter, sondern auch interessanter und fesselnder für die geliebte Person.

In diesem Kapitel spreche ich Dinge an, die dich vielleicht dazu inspirieren, mehr Verspieltheit in dein alltägliches Liebesleben einzubringen. Liebe in einer Weise auszudrücken, die Spaß macht, kann süchtig machen, weil sie so unvorhersehbar ist. Du weißt nie, wohin der Reiz einer fröhlichen Interaktion dich führen wird, während deine Kreativität dich auf das Höchste befriedigt. Wenn wir die Liebe ausdrücken wollen, schlummert in jedem von uns ein Dichter.

Der seltsam-verrückte Dialog zwischen zwei Liebenden ist wahrscheinlich so alt wie die Menschheit. Es gibt zahllose Gedichte, Lieder und Theaterstücke auf der ganzen Welt, die von unserer spielerischen Natur künden. Einige der mittelalterlichen Troubadoure waren wahrscheinlich inspiriert von den mythologischen Gottheiten, die ohne Scheu Keckheiten und kleine Ungezogenheiten in ihren romantischen Affären zum Ausdruck brachten.

Hier ist ein Spaßdialog zwischen einem männlichen und einem weiblichen Troubadour, die kokett für ihre Schutzherrn in neckischem Ton miteinander verhandeln. Beide sind jedoch weibliche Troubadoure, Almucs de Castelnau und Iseut de Capio (aus Meg Rogins Buch „Weibliche Troubadoure"):

„Lady Almucs, mit Eurer Erlaubnis,
lasst mich an diesem Ort voll Zorn und schlechtem Benehmen
von Euch eine freundlichere Geisteshaltung
meinem Herrn gegenüber erbitten,
ihm, der sterbend und jammernd darniederliegt und seufzt und klagt
und untertänig um eine Gnadenfrist fleht;
wünscht Ihr ihm jedoch den Tod,
gewährt ihm die Sakramente,
um zu garantieren,
dass er keine weiteren Beleidigungen machen würde."

„Lady Iseut, zeigte er etwas Reue,
könnte er die Folgen seiner Schande ausmerzen
und ich wäre geneigt, ihm etwas Gnade zu gewähren.
Ich denke aber, es wäre unklug von mir,
denn durch sein Schweigen leugnet er das Unrecht,
das er begangen hat, ein Mann, der so rasch bereit ist zu betrügen.
Dennoch, wenn Ihr ihn dazu bewegen könnt seine Untaten zu bereuen,
hättet Ihr keine Schwierigkeiten ihn zu bekehren."

Für manche Menschen mag es nicht einfach sein, ihre Gefühle zu verbalisieren, aus welchen Gründen auch immer. Wenn du Schwierigkeiten hast zu sagen: Ich liebe dich, kannst du es in einer anderen Sprache versuchen, vielleicht ist es dann nicht nur einfacher, sondern auch sehr romantisch.

An deine geliebte Person eine Notiz/E-Mail mit einem liebevollen Satz in einer anderen Sprache zu schreiben kann viel Spaß machen. Du kannst auch eure eigenen Liebesworte in einer erfundenen Sprache schreiben, die nur ihr beide versteht.

*W*ie sagt man „Ich liebe dich" in über 130 Sprachen:

Afrikaans (im südlichen Afrika): Ek het jou lief

Albanisch: Te dua

Algonquian (in Nordamerika): Kuwumaras

Elsässisch: Ich hoan dich gear

Amharisch (in Äthiopien /Aethio): Afekrischalehou (zu einer Frau)

Afekrishalehou (zu einem Mann)

Amharisch (äthiopisch): Ewedishale hu (zu einer Frau)

Ewedihale lehu (zu einem Mann)

Arabisch: Ana behibek (zu einer Frau)

Ana behibak (zu einem Mann)

Armenisch: Yes kez sirumen

Azeri (in der Türkei): Men seni sevirem

Bambara (in Westafrika): M'bi fe

Bangla (in Südasien):	Aamee tuma ke bhalo baashi
Belarussisch:	Ya tabe kahayu
Bengali (in Bangladesch):	Ami tomake bhloashi
Bikol (auf den Philippinen):	Namumutan ta ka
Bisaya (auf den Philippinen):	Nahigugma ako kanimo
B'laan (auf den Philippinen):	Kando ta ge
Bulgarisch:	Obicham te
Chavacano (auf den Philippinen):	Ta am yo contigo
Cebuano (auf den Philippinen):	Nahigugma ko nimo
Cherokee (in Nordamerika):	Tsinehi, Gvgeyuhi
Cheyenne (in Nordamerika):	Neme'hot'tse
Chichewa (in Nordamerika):	Ndimakukonda
Chinesisch/Kantonesisch:	Ngo oiy ney a
Creolisch (auf Haiti und auf Mauritius):	Mi aime jou
Dänisch:	Jeg Elsker Dig
Deutsch:	Ich liebe dich
Englisch:	I love you

GEHEIMNISSE DER LIEBE

Esperanto: Mi amas vin

Estnisch: Ma armastan sind

Färöer: Eg elski teg

Farsi (Persisch): Doset daram

Fidschi: Au lomani iko

Filipino: Mahal kita

Finnisch: Mina rakastan sinua

Französisch: Je t'aime, Je t'adore

Gebärdensprache (Amerikanisch)

Ghanaisch (Aku): Me dor wo

Griechisch: S'agapo

Gujarati (in Indien): Hu tumney prem karu chu

Hausa (in Nigeria): Ina sonki

Hawaiisch: Aloha wau ia oi

Hebräisch: Ani ohev otach (zu einer Frau)

Ani ohevet otchah (zu einem Mann)

Hindi (in Nordindien): Main aapse pyar karta hoon (zu einer Frau)
Main aapse pyar karti hoon (zu einem Mann)

Hiligaynon (auf den Philippinen): Palangga ta gid ka

Hmong (in Südostasien): Kuv hlub koj

oder Nu'umi unangwa'ta

Ibaloi (auf den Philippinen): Ashemek ta ka

Isländisch: Eg elska tig

Ifugao (auf den Philippinen): Penpenhod cha-a

Ilocano (auf den Philippinen): Ay-ayaten ka

Ilonggo (auf den Philippinen): Palangga ko ikaw

Indonesisch: Saya cinta padamu

Inuit (in Grönland/Nordamerika): Negligevapse

Irisch: Taim i'ngra leat

Irisch-Gälisch: Gráim thú

Italienisch: Ti amo

Ivatan (auf den Philippinen): Ichadaw ko imu

Japanisch: Aishiteru

GEHEIMNISSE DER LIEBE

Javanisch:	Kulo tresno
Jiddisch:	Ikh hob dikh
Kambodschanisch:	Soro lahn nhee ah
Kannada (im Südwesten Indiens):	Naa ninna preetisuve
Kapampangan (auf den Philippinen):	Kaluguran daka
Katalanisch:	T'estimo
Kikongo (in Angola und Kongo):	Muke zolaka nge
Kiniray-a (auf den Philippinen):	Ginapalangga ta ikaw
Kiswahili (in Tansania):	Nakupenda
Klingonisch (aus der Fernsehserie Star Trek):	Qabang, QaparHa'
Konkani (in Indien):	Tu magel moga cho
Koreanisch:	Sarang hae
Korsisch:	Te tengu cara (zu einer Frau)
	Ti tengu caru (zu einem Mann)
Kroatisch:	Volim te
Lakota (in Nordamerika):	Iyotahncheelah
Lao (in Indien):	Khoi hak jao

Latein:	Te amo
Lettisch:	Es tevi milu
Libanesisch:	Bahibak
Litauisch:	Tave myliu
Mazedonisch:	Te sakam
Maguindanaon (auf den Philippinen):	Kalinian ko seka
Malaiisch:	Saya cinta pada mu
Malayalam (in Südindien):	Njan Ninne Premikunnu
Maltesisch:	Jien inhobbok
Mandarin Chinesisch:	Wo ai ni
Mandinko (in Senegal, Guinea und Gambia):	Je kanu
Maranaw (auf den Philippinen):	Pekabaya-an ko seka
Marathi (in Indien):	Me tula prem karto
Mohawk (in Nordamerika):	Konoronhkwa
Marokkanisch:	Ana moajaba bik
Nahuatl (aztekisch):	Ni mits neki
Navaho (in Nordamerika):	Ayóó Ánííníshní

GEHEIMNISSE DER LIEBE

Nepali:	Ma Timilai Maya Garchhu
Niederländisch:	Ik hou van jou
Norwegisch:	Jeg Elsker Deg
Ojibwe (in Nordamerika):	Gi-zaagi`in
Pandacan (auf den Philippinen):	Syota na kita
Pangasinense:	Inaro ta ka
Papiamento (in Aruba, Bonaire, Curaçao):	Mi ta stimabo
Pedi (in Südafrika):	Kiyahurata
Persisch:	Doo-set daaram
Pig Latin (verspielte Sprache):	Iay ovlay ouyay
Polnisch:	Kocham Cie
Portugiesisch:	Eu te amo
Römische Zahlen:	333
Rumänisch:	Te iubesc
Russisch:	Ya tebya liubliu
Sambali (auf den Philippinen):	Anlabyen ka ta
Scot Gaelic:	Tha gradh agam ort

Serbisch:	Volim te
Sioux (in Nordamerika)::	Techihhila
Slowakisch:	Lu`bim ta
Slowenisch:	Ljubim te
Somali:	Waan ku jecelahay
Spanisch:	Te amo, Te quiero
Surigaonon (auf den Philippinen):	Tahigugma ta kaw
Surinamisches Niederländisch	Mi lobi joe
Swahili (in Südafrika):	Nakupenda
Schwedisch:	Jag alskar dig
Schweizerdeutsch:	Ich lieb di
Tagalog (auf den Philippinen):	Iniibig kita
Tausug (auf den Philippinen):	Talasahan ta kaw
Tahitianisch:	Ua here vau ia oe
Taino (in der Karibik):	Nanichi
Taiwanese:	Wa ga ei li
Tamil (in Indien und Sri Lanka):	Naan unnai kathalikiraen

GEHEIMNISSE DER LIEBE

T'boli (auf den Philippinen):	Bungnawa hukon
Telugu (in Indien):	Nenu ninnu premistunnanu
Thai:	Phom rak khun (zu einer Frau)
	Chan rak khun (zu einem Mann)
Tschechisch:	Miluji te
Turkisch:	Seni Seviyorum
Ukrainisch:	Ya tebe kahayu
Ungarisch:	Szeretlek
Urdu (Pakistan und Westindien):	Mai aap say pyaar karta hoo
Vietnamesisch:	Anh ye^u em (zu einer Frau)
	Em ye^u anh (zu einem Mann)
Waray-waray (auf den Philippinen):	Pina-wra ta ikaw
Walisisch:	Rwy'n dy garu di
Wolof (in Senegal, Gambia, Mauretanien):	Nob nala
Yakan (auf den Philippinen):	Mabaya ku si ka u
Yoruba (in Nigeria, Benin, Togo):	Mo ni fe
Zimbabwe:	Ndinokuda

Und wie ist es mit liebevollen Kosenamen? Auch sie können spielerisch verwendet werden, um Bewunderung und Liebe auszudrücken. Schau dir die weiter unten aufgelisteten Beispiele an, vielleicht sind welche dabei, die deinem Stil entsprechen oder sie inspirieren dich zu neuen Erfindungen für den Menschen, den du liebst. „Ich liebe dich" mit einem fremdländisch klingenden Kosenamen zu verbinden ist vielleicht genau das Richtige, um ihm den Tag unvergesslich zu machen.

Einige Beispiele für weibliche „Anwärter":

Alames (hawaiisch für kostbar), Amada (spanisch für geliebt, reizend <weiblich>), Ammu (indianisch für süßes Glück), Engel, Engelsauge, Anim mia (italienisch für meine Seele) Baby, Bebe tifi (ganz kleines Mädchen in haitianisch, kreolisch), Bella mariposa (italienisch für schöner Schmetterling), Bubbles, Canan (türkisch für Geliebte), Caramella (italienisch für Bonbon), Cara Mia (italienisch für meine Liebe), Cherry Blossem (Kirschblüte), Cookie (Plätzchen), Cutie-pie, Darling, Douceur (französisch für Süße), Dove (Taube), Doll/Baby-doll/Doll-face (englisch für Püppchen/ Babypüppchen/Puppengesicht), Ebio (ägyptisch für Honig), Esposa (spanisch für Ehefrau), Farfalle (italienisch für Schmetterling), Goldie, Hony plum (englisch für

Honigpfläumchen), Kitten (english für Kätzchen), Liebling, ma belle (französisch für meine Schöne), Magic lady, Mi amor (spanish für meine Liebe), Mijn schat (hollandisch für mein Schatz), Mithi (punjabi für Süße), Mhuirnin (irisch für Liebling), Moya Golubushka (russisch für meine kleine Taube), Witchy (englisch für Hexchen), ect.

Einige Beispiele für männliche „Anwärter":

Adorable (französisch und englisch für Hinreißender), Agapi-mou (grieschisch für meine Liebe), Amore mio (italienisch für mein Lieber), Amado (spanisch für Geliebter, Liebling), Angel, Amigo (spanisch für Freund), Amante (spanisch für Liebhaber), Babe, Baby, Bad boy, Beautiful (englisch für Schöner), Beau-gosse (französisch für Schöner), Bello (italienisch für Schöner), Hony, Hishi japanisch für Stern), Mooi (afrikaans für Schöner), Mahi (indianisch für Partner), Orgmist (für Orgasmus-Meister), Ouji (japanisch für Prinz), Sona (indisch für kostbar), Stallone (italienisch für Gestüt), Tarzan, Tiger, Viking, ect.

S paß miteinander zu haben kann sich auf ganz unterschiedliche Weise ausdrücken und hängt natürlich von deinem Lebensstil, deinen Vorlieben und deinen Hobbys ab. Für manche ist ein Ausflug mit dem Fahrrad in die Natur oder ein Abenteuertrip in weniger bekannte Gegenden der Stadt etwas Besonderes. Andere lieben es, in den fremdländischsten Restaurant die Speisen zu probieren. Manche gehen regelmäßig ins Theater oder in die Oper, während andere es vorziehen, vor dem Kamin miteinander zu schmusen, am Weinglas zu nippen und schöner Musik zu lauschen. Wieder andere haben Freude an Gesellschafts- oder Kartenspielen. Was immer die Zeit, die ihr miteinander verbringt, vergnüglich und fröhlich macht, gehört fest in euren Zeitplan. Sie bisweilen spielerisch und entspannt zu verbringen ist sehr wichtig, damit eure Beziehung spannend und frisch bleibt. Wenn ihr euch erst einmal an diese Lebensweise gewöhnt habt, wird es zu einem ganz natürlichen Zeitvertreib und ihr werdet euch noch nach Jahrzehnten in der Gesellschaft des anderen jung und glücklich fühlen, immer bereit für ein Abenteuer.

Auch ist es gut, immer mal seine Routine zu verändern. Wenn ihr gewöhnlich am Abend nach getaner Arbeit Musik hört, geht stattdessen mal in ein Restaurant und probiert ein besonderes Menu aus. Ersetzt vielleicht den regelmäßigen Theaterbesuch mit einer Fahrradtour ins Grüne, etc. Ihr wisst nie, welche Freuden an der nächsten Ecke auf euch warten, wenn ihr etwas Neues ausprobiert.

Patrick und ich sind große Fans von Schallplattenmusik und unsere Sammlung auf diesem Gebiet ist eindrucksvoll. Und weil ich auch ein Film-Nimmersatt bin und gute Bücher schätze, kam ich vor kurzem auf die Idee, romantische Zitate aus Filmen und Romanen auf kleine Extrazettel zu schreiben und sie als ein kleines Spiel, das ich mir ausgedacht hatte, zu verwenden, um so die Freuden guter Musik und Literatur zu verbinden.

In dem Spiel wählt einer von uns ein Lied, das gespielt werden soll, während der andere in den Zitaten nach einem Ausspruch sucht, der am besten zu der Musik passt. Das macht nicht nur Spaß, sondern gibt uns auch eine weitere Gelegenheit, unsere Liebe auszudrücken, dieses Mal mit den Worten von jemandem anderes. Der Text in dem Lied braucht nicht von Liebe zu handeln, sollte aber in logischer oder spielerischer Weise dazu passen. Das ist eine spaßbringende Herausforderung, wenn wir dem Liedertext mit dem Zitat einen ganz neuen Sinn geben.

Wir sprechen nicht dabei. Die Aufgabe ist, sich ganz auf die Musik und die Zitate zu konzentrieren. Wir dürfen einander nur mit einem Kuss, einem Lächeln, einem Lachen oder einem Seufzer danken. Wir dürfen nicken oder die Augenbraue heben, aber sonst sprechen nur das Lied und die Worte für uns. So werden die Musiker und die Dichter zu unseren Troubadouren.

Jedes Zitat muss gefunden werden, bevor das Lied vorbei ist und darf nur einmal verwendet werden, dann wird es beiseitegelegt. Derjenige, der kein passendes Zitat zu dem Liedertext gefunden hat, der gerade gesungen wurde, hat das Spiel verloren. Der Preis für den Gewinner/die Gewinnerin wird am Anfang des Spiels festgelegt, was zusätzlich spannend ist, weil das Spiel „Der Gewinner bekommt alles" heißt und die Preise selbst für viele Möglichkeiten sorgen, die Spaß machen. Was zum Beispiel passiert, wenn keiner gewinnt? Auch eine Entscheidung, die bei uns liegt.

Wenn ihr das Spiel „Der Gewinner bekommt alles" mal ausprobieren wollt, könnt ihr die Beispielauswahl von Zitaten auf den folgenden Seiten verwenden. Oder Ihr sucht euch welche im Internet oder in euren Lieblingsbüchern und besonderen Filmen.

*R*omantische *Z*itate:

„'Je mehr man jemanden liebt', sinnierte er, 'desto schwerer wird es, es ihm zu sagen.' Es erstaunte ihn, das Wildfremde sich nicht auf der Straße anhielten, um 'Ich liebe dich' zu sagen."
– *Aus „Alles ist erleuchtet" von J.S.Foer* –

„Ich war erstaunt, dass Männer für ihre Religion als Märtyrer sterben können. Der Gedanke schauderte mich. Er schaudert mich nicht mehr. Ich könnte ein Märtyrer für meine Religion werden. Liebe ist meine Religion. Dafür könnte ich sterben. Ich könnte für dich sterben. (…) Meine Liebe ist selbstsüchtig. Ich kann ohne dich nicht atmen."
– *Aus einem Brief an Fanny Brawne von John Keats* –

„Wir liebten mit einer Liebe, die mehr war als Liebe."
– *Aus „Annabel Lee" von Edgar Allan Poe* –

„Er schritt hinab und versuchte, sie nicht lange anzusehen, als sei sie die Sonne, doch sah er sie wie die Sonne ohne hinzuschauen."
– *Aus „Anna Karenina" von Leo Tolstoy* –

„Ich möchte, dass du weißt: Du bist der letzte Traum meiner Seele gewesen."
– *Aus „Eine Geschichte zweier Städte" von Charles Dickens* –

„Nun ja, vielleicht ist die romantische Liebe nicht mit Pauken und Trompeten in unser Leben gekommen wie ein stolzer Ritter, der vorbeireitet; vielleicht hat sie sich wie ein alter Freund auf stillen Wegen zu uns geschlichen; vielleicht offenbarte sie sich ganz prosaisch, bis ein plötzlich erleuchtender Strahl durch die Seiten geschleudert wurde, verraten durch den Rhythmus und die Musik, vielleicht...vielleicht entwickelt sich Liebe natürlicherweise aus wunderschöner Freundschaft wie aus einer Rose mit goldenem Herzen, die aus ihrer grünen Hülle schlüpft."
– Aus „Anne von Avonlea" von Lucy Maud Montgomery –

„Sie ist die Freundin meines Geistes. Sie möge mich zusammenhalten, Mann! Sie möge die Stücke, aus denen ich bestehe, zusammensammeln und sie mir in der richtigen Reihenfolge zurückgeben. Weißt du, es ist gut, wenn du eine Frau hast, die die Freundin deines Geistes ist."
– Aus „Geliebt" von Toni Morrison –

„Ich wünschte, ich wüsste, wie ich dich verlassen könnte."
– Aus „BrokeBack Mountain" Annie Proulx –

„Du und ich, es scheint, als hätten wir im Himmel zu küssen gelernt und wären zusammen auf die Erde geschickt worden, um zu sehen, ob wir wissen, was man uns beigebracht hat."
– Aus „Doktor Schiwago" von Boris Pasternak –

„Meiner Treu', ich wundere mich, was du und ich taten, bis wir uns liebten! Hingen wir bis dahin noch an der Mutterbrust?"
– Aus „The Good-Morrow" von John Donne –

„Du solltest geküsst werden. Und oft. Und von jemandem, der weiß, wie."
– Aus „Vom Winde verweht" von Margret Mitchell –

„Ich kriege dich, Jack, in einem anderen Leben...Und du wirst sehr glücklich sein."
– Aus „Big Sur" von Jack Kerouac –

„Nun, ich werde abstreiten, dass mir deine Schönheit bewusst war. Aber der Punkt ist, dass dies nichts zu tun hat mit deiner Schönheit. Als ich dich kennenlernte, begann ich zu begreifen, das Schönheit eine deiner geringsten Qualitäten war. (…) Und es ist so, dass ich dich haben will. Alles was ich möchte, ist, dich zu verdienen. Sag mir, was ich tun soll. Zeig mir, wie man sich benimmt. Ich tue alles, was du sagst."
– Aus „Gefährliche Liebschaften" von Choderlos de Laclos –

„Ich habe keinen Moment gezweifelt. Ich liebe dich. Ich glaube bedingungslos (wörtlich: vollständig) an dich. Du bist mir das Liebste. Der Grund für mich zu leben."
– Aus „Sühne" von Ian McEwan –

„Ich liebe dich so sicher, wie man gewisse dunkle Dinge lieben muss, heimlich, zwischen den Schatten und der Seele."
– Aus „100 Liebessonette" von Pablo Neruda –

„Zweifelt, dass die Sterne aus Feuer sind. Zweifelt, dass die Sonne sich bewegt. Zweifelt an der Wahrheit, weil sie Lüge ist. Aber zweifelt nie daran, dass ich liebe."
– Aus „Hamlet" von William Shakespeare –

„Aber ich, der ich arm bin, habe nur meine Träume; ich habe meine Träume unter deine Füße gebreitet: tritt sanft, denn du trittst auf meine Träume."
– Aus „He Wishes for the Cloth of Heaven" von W.B.Yeats –

„Ich traf einen sehr armen jungen Mann auf der Straße, der verliebt war. Sein Hut war alt, sein Mantel fadenscheinig – da waren Löcher in seinen Ellbogen; das Wasser floss durch seine Schuhe und die Sterne durch seine Seele."
– Aus „Die Elenden" von Victor Hugo –

„Bei meiner Seele, ich kann weder essen, trinken noch schlafen, noch – und das ist schlimmer, irgendeine andere Frau in der Welt lieben außer ihr."
– Aus „Clarissa oder die Geschichte einer jungen Dame" von Samuel Richardson –.

„Ich bin nichts Besonderes; nur ein gewöhnlicher Mann mit gewöhnlichen Gedanken, und ich habe ein gewöhnliches Leben geführt. Keine Denkmäler wurden mir gewidmet und mein Name wird bald vergessen sein. Aber in einer Hinsicht ist mir etwas so glorreich gelungen wie jedem, der jemals gelebt hat: Ich habe jemanden von ganzem Herzen und von ganzer Seele geliebt; und für mich war das immer genug."
– Aus „Das Notizbuch" von Nicolas Sparks –

„Du durchbohrst meine Seele, ich bin halb Qual, halb Hoffnung. Sag mir nicht, dass ich zu spät bin, dass solch kostbare Gefühle für immer dahin sind. Ich biete mich dir wieder an mit einem Herzen, das noch mehr dein eigenes ist, als wenn du es fast gebrochen hättest (…)"
– Aus „Überredung" von Jane Austin –

„Zu lieben oder geliebt zu haben, das ist genug. Verlange nicht mehr. Es gibt keine andere Perle in den dunklen Falten des Lebens."
– Aus „Die Elenden" von Victor Hugo –

„Ich möchte mit dir tun, was der Frühling mit dem Kirschbaum tut."
– Aus „Zwanzig Liebesgedichte und Lieder der Verzweiflung" von Pablo Neruda –

„Werde alt mit mir! Das Beste kommt noch."
– Aus „Rabbi Ben Ezea" von Robert Browning –

„Es ist immer so. Jedes Mal geschiehst du mir wieder aufs Neue."
– Aus „Das Alter der Unschuld" von Edith Wharton –

„Wenn du hundert wirst, möchte ich hundert weniger einen Tag werden, damit ich niemals ohne dich leben muss."
– Aus „Pu der Bär" von A.A. Milne –

„Jedes Atom deines Fleisches ist mir so lieb und wert wie mein eigenes; in Schmerz und Krankheit wäre es immer noch so."
– Aus „Jane Eyre" von Charlotte Brontë –

„Von deinen Hüften bis hinunter zu deinen Füßen möchte ich eine lange Reise tun."
– Aus „Das Insekt" von Pablo Neruda

„Also warte ich auf dich wie ein einsames Haus, bis du mich wiedersehen und in mir leben willst. Bis dahin schmerzen meine Fenster."
– Aus „100 Liebessonette" von Pablo Neruda –

„Würde ich tausend Jahre leben, ich gehörte dir für alle (tausend). Würden wir tausend Leben leben, wollte ich dich in allen (diesen Leben) zu der Meinen machen."
– Aus „Die Entwicklung der Mara Dyer" von Michelle Hodkin –

GEHEIMNISSE DER LIEBE

„Ich weiß nicht, wie man sie nennt, die Räume zwischen Sekunden – aber ich denke immer in diesen Intervallen an dich."
– *Aus „Die Menschen aus Papier" von Salvador Plascencia* –

„Dich zu lieben hat mich besser gemacht...es hat mich weiser gemacht und leichter und heller. Früher wollte ich so vieles und war wütend, weil ich es nicht hatte (...) Nun bin ich wirklich zufrieden, weil mir nichts einfällt, was besser wäre."
– *Aus „Das Bildnis einer Dame" von Henry James* –

„Wenn ich bei dir bin, ist der einzige Platz, an dem ich sein möchte, noch näher bei dir."
– *Autor unbekannt* –

„Aber ich liebe deine Füße nur, weil sie auf der Erde und auf dem Wind und auf den Wassern liefen, bis sie mich fanden."
– *Aus „Deine Füße" von Pablo Neruda* –

„Mir war übel und es kribbelte mich überall. Entweder war ich verliebt oder ich hatte die Windpocken."
– *Woody Allen* –

Ich schreibe diese Zeilen im Morgengrauen. Die Sonne geht hinter unseren Schlafzimmerfenstern auf und steckt ihre verführerisch leuchtenden Finger durch die Spalten der Jalousie. Patrick schläft noch und atmet gleichmäßig zu dem friedlichen Rhythmus seiner Träume.

Ich bin an diesem Morgen früher aufgewacht. Ich weiß, dass es Zeit wird dieses Kapitel zu beenden und dich deiner eigenen Gedanken über die

Liebe zu überlassen, über deine Beziehung (oder wie es wäre, wenn du eine hättest), und wie es weitergehen soll.

Egal, wofür du dich entscheidest oder zu welchem Schluss du gelangst, nachdem du dieses Buch gelesen hast – vergiss zwei Dinge nicht:

Erstens: Die Liebe findet dich, egal wo du dich versteckst, selbst wenn du hinter der geschlossenen Tür deines Herzens schüchtern nach ihr Ausschau hältst. Sie wird dich finden und dich auf deine Nasenspitze küssen. Liebe ist Vergnügen, Zärtlichkeit, strahlendes Lachen, eine weiche Decke, ein wagemutiges Abenteuer und eine sichere Nacht. Liebe ist alles Schöne und alles Wünschenswerte. Liebe ist alles, was du sein willst.

Zweitens: Liebe verlässt dich niemals. Manche Menschen mögen aus deinem Leben gehen, nicht aber die Liebe. Die Liebe klebt sich nicht an Menschen. Die einzige, spezielle Verbindung, die sie hat, ist die zu deinem Herzen. Wenn du sie vollständig in dein Herz einlässt, macht sie es zu ihrem Zuhause. Was auch immer geschieht. In diesem Augenblick und für immer.

Liebe braucht nichts von dir. Sie ist nicht abhängig von deinem guten Willen und deinen Launen. Sie ist von Natur aus im Überfluss vorhanden und macht dein Leben zu einem Fest höchsten Glücks, egal wie und wo du lebst.

Je mehr Liebe du mit jemandem teilst, desto mehr Liebe spürst du. Ihre Energie ist höchst großzügig, sie wächst in jeder Weise und überall. Sie braucht nicht deine Hilfe, um irgendwohin zu gelangen. Wenn du sie machen lässt, wird sie sich um den Rest kümmern.

Und wenn du sie füttern willst, mach es richtig. Sie liebt Superfoods, Aphrodisiaka und frische, leckere Speisen, um dich mit jedem Bissen und Schluck zu umwerben.

Hier ist eine Liste der Aphrodisiaka, die du dir vielleicht merken möchtest, um sie einmal auszuprobieren.

Darunter sind Nahrungsmittel, die dir eigentlich ganz alltäglich erscheinen, die aber durchaus aphrodisische Wirkung entfalten.

Da ist Gemüse zu nennen, wie Gurke, Radi, Pilze, Tomaten, Kürbis, rote Bete, Spargel, Sellerie, Avocado, Chilischoten oder Trüffel.

Auch Meeresfrüchte haben es in sich. Alle Arten von Fisch zählen dazu. Ebenso Hummer, Shrimps, Austern, Krabben, Seegurke und Kaviar.

Fast Alle Obstsorten sind höchst empfehlenswert, an erster Stelle der Apfel, aber auch Erdbeeren, Aprikosen, Bananen, Blaubeeren, Kirschen, Feigen, Pfirsiche, Ananas und vieles mehr.

Unbedingt dazu zu zählen sind viele Arten von Gewürzen wie Anis, Muskat, Basilikum, Lorbeerblätter, Zimt, Pfeffer, Fenchel, Rosmarin, Knoblauch, Ingwer, Safran, Minze und Senf.

Eier und Käse dürfen nicht fehlen.

Nüsse, Mandeln, Ginseng und Kürbiskerne sind hervorragende Aphrodisiaka.

Ebenso Oliven, Olivenöl, Rotwein, Absinth, Schokolade, Honig und Kawa.

Düfte wie Lavendel, Rosenholz und ähnliches sind zwar keine Esswaren, aber haben durchaus aphrodisische Wirkung.

Sich umarmen, Liebe zu genießen und zu teilen liegt in unserer Natur wie das Atmen. Das haben wir vielleicht im geschäftigen Laufe unseres Lebens vergessen oder diesen natürlichen Instinkt beiseitegeschoben, weil jemand uns beigebracht hat, uns zu fürchten.

Wenn Patrick aufwacht, ist das erste, was er tut, nachzusehen, wo ich bin, wenn ich nicht im Bett bin. Er weiß genau, dass ich mit meinem Laptop in meinem Lieblingssessel sitze und schreibe. Er weiß, wie kostbar dieses Buch für mich ist, und wie gerne ich über die Liebe schreibe.

Oh, lasst uns nicht damit aufhören. Ihr könnt mir ein paar Zeilen über eure eigenen Erfahrungen zukommen lassen, wenn ihr möchtet. Ich habe eine Facebook Gruppe begonnen, „Geheimnisse der Liebe für Jedermann" (Secrets of Love for Everyone), in der ihr eure Gedanken teilen könnt, erfahren, was andere über die Liebe und ihre Beziehung zu berichten haben, über die Themen sprechen, die dieses Buch behandelt, Fragen stellen oder Antworten geben.

Lasst uns weiter über die Liebe reden. Vergesst nicht, dass wir alle darin „verwickelt" sind.

Ich wünsche euch ein wunderschönes, liebevolles Leben und widme euch diese Liebesaffirmation:

„Meine (Lebens-)Freude öffnet mich für die Liebe. Ich lasse die Liebe leicht durch mich hindurchfließen. Ich weiß Liebe zu geben und ich weiß Liebe zu empfangen.

Ich kann Glück in mir finden und in den Dingen um mich herum. Es gibt immer etwas, wofür ich dankbar sein kann.

Ich schaue gerne dabei zu, wie alles und jeder wächst und gedeiht. Ich bin glücklich Teil dieses wunderbaren Designs des Lebens sein zu dürfen und es zu erleben. Ich bin dankbar hier zu sein. Mein Leben ist angefüllt von Liebe."

Johanna Kern

Toronto, an einem neuen Morgen voller Liebe.

*D*anksagungen

An meinen geliebten Mann Patrick Kern – ich danke Dir für Deine Liebe, Deine Anwesenheit in meinem Leben, für jedes Lächeln, Deine Zärtlichkeit und Stärke, dass Du mich dafür geschätzt hast, wer ich bin und für Deine Hingabe an die Meisterlehren. Du bist meine Heimat geworden und mein Herz gehört Dir.

Ein spezieller Dank gilt Elke von der Heyden, meiner lieben Freundin und Übersetzerin, für ihre tiefe und freundliche Sensibilität, ihr umwerfendes Talent, für ihren immerwährenden Enthusiasmus und ihr immer erstaunliches Herz, mit dem sie meine Arbeit übersetzt.
Du hast wieder einen exzellenten Job gemacht!

Mein tief empfundener Dank gilt auch Monika Hein – Dein scharfes und erstaunliches Auge entdeckt immer, wo etwas verbessert werden muss.

ÜBER DIE AUTORIN

Johanna Kern ist eine kanadische Regisseurin, Filmproduzentin, Drehbuchschreiberin, die Gewinnerin vieler verschiedener Preise und außerdem Lehrerin für die innere Transformation von Menschen.

1993 begann Johanna Kern, regelmäßig in spontane Trance zu fallen, in der sie sich in einen uralten Tempel wiederfand. Dort empfing sie die Lehren eines alten Meisters.

Damals gab es noch keinen einfachen Zugang zum Internet, es gab nicht genug Information, die ihr hätten helfen können zu verstehen, was mit ihr geschah. Sie hatte einfach Angst.

Und so schien sie keine andere Wahl zu haben, als ihr Schicksal in die Hand zu nehmen und den neuen Weg zu beschreiten, der sich vor ihr auftat.

Sie brauchte eine Menge Mut und Vertrauen, um dem Ruf zu folgen und den Sprung aus ihrem alltäglichen Leben, das bis zum Rand gefüllt war mit Plänen und Aufgaben, zu wagen.

So erinnert sich Iwona Majewska-Opielka, Psychologin und Autorin vieler Bücher, an ihr erstes Zusammentreffen mit Johanna Kern in Toronto und sie spricht über das erste Buch *„Der Meister und die Grünäugige Hoffnung"*:

„Als Johanna mir von ihren ungewöhnlichen Erfahrungen berichtete während unseres ersten Treffens, glaubte ich ihr zunächst nicht. Es war in der Mitte der Neunziger Jahre des letzten Jahrhunderts. Niemand sprach in jenen Tagen laut über alternative Welten. Deshalb fielen meine Beobachtungen auch besonders sorgfältig aus. Ich suchte nach Anzeichen von Mystifikation oder Beeinträchtigungen ihres Bewusstseins und ihrer Wahrnehmung, konnte aber nichts entdecken. Und als ich ihre folgerichtigen, intelligenten und doch einfachen und intuitiv wahrhaftigen Aufzeichnungen las, dachte ich, dass eine so junge Person ohne jede Ausbildung in Physik oder Philosophie sie sich unmöglich ausgedacht haben konnte. Ich hatte das gleiche Gefühl wie beim Lesen in *Ein Kurs in Wundern*. Johannas Wissen musste also aus einer anderen Quelle kommen — höher und sehr viel weiser.

Ihr erstes Buch, geschrieben in einer einfachen, spannenden Art und Weise, ist eine Begegnung mit ihrer Geschichte. Man sollte sich aber nicht täuschen lassen von der scheinbar leichten Form und den Kern dahinter entdecken, die Lehren, die darin enthalten sind. Man findet wahre Weisheit und Hoffnung. Auch Liebe strahlen diese Lehren aus und das Wesen Johannas. Wenn man Johanna kennenlernt, muss man sie einfach gern haben. Ich bin sicher, dass *Der Meister und die Grünäugige Hoffnung* jeden Leser faszinieren und sein Leben transformieren wird."

Die Meisterlehren, die Johanna in tiefer Trance zuteil wurden, entsprachen ihren Erfahrungen im täglichen Leben, sowohl im persönlichen Bereich als auch auf professionellem Gebiet. Sie waren so geartet, dass sie sie in ihrer ganzen Fülle erfahren konnte, anstatt das Wissen nur intellektuell mit ihren Geist aufzunehmen. Sie gaben ihr Antwort auf die wichtigsten Fragen, die die Menschen schon jahrhundertelang bewegten und gestatteten ihr einen ganz neuen Blick auf alles, was uns heilig ist — uns selbst, woher wir kommen und den Sinn unseres Lebens.

Vom Sinn des Lebens bis hin zu Anweisungen, wie wir wahres Glück, Erfolg, Macht, Fülle und Freiheit von allen Begrenzungen erreichen können. Von dem Wissen darüber, wie unsere Gedanken im Bereich der Energie funktionieren, von der wir alle ein Teil sind, bis zur Bedeutung und der Natur des Geistes, der Materie, Leben, Tod und was wirklich das Rad der Schöpfung bedeutet.

Seitdem hat ihr eigenes Leben ihr gezeigt, dass, wenn wir den wahren Kern unserer Existenz erkennen, wir in der Tat ein glückliches, erfülltes Leben führen können, das von Liebe angefüllt ist und in Harmonie mit unserer eigenen inneren Wahrheit ist. Schon viele Jahre berät sie nun schon Menschen in Gesundheitsfragen, in spirituellen und emotionalen Dingen, in familiären Angelegenheiten, Beziehungen, Lebens- und Karrierefragen.

Ihre Ehe mit Patrick ist rasch zu einem Beispiel einer Beziehung geworden, die nicht nur erfüllt ist von Glück und Liebe, sondern hat auch all das Gelernte Wirklichkeit werden lassen: Beide Partner hatten im wahrsten Sinn des Wortes die Möglichkeit zu wachsen und sich zu entfalten. Das Paar wird im Kreise seiner Freunde und Bekannten als außergewöhnlich wahrgenommen und ihre liebevolle, fröhliche und freundliche Art gewinnt sogar die Herzen von Fremden, wo immer es sich zeigt.

In einem Interview für Wellnessday.eu sagte sie über ihre Beziehung folgendes:

„Wir kannten uns schon von früher viele Jahre lang durch gemeinsame Freunde, es gab aber keinerlei romantische Verbindung zwischen uns. Ich sah Patrick niemals als potentiellen Partner, vor allem, weil er viel jünger ist als ich, und ich schätze Reife bei Menschen in meiner Nähe. Aber als wir zufällig einige Zeit miteinander verbrachten, entdeckte ich zu meinem Erstaunen, wir reif dieser junge Mann ist. Natürlich war es nicht das, was mich auf romantische Gedanken brachte. Damals war ich überzeugt, nach meiner ersten Ehe Single zu bleiben.

Mein Leben war immer bis zum Rand angefüllt, und es schien mir, dass ich schon alles hatte, was ich brauchte: Wunderbare Erfahrungen, viele, phantastische Menschen, die ich auf meinem Weg getroffen hatte, einen interessanten Lebensstil und eine große Zahl von Gelegenheiten, kreativ zu sein. Ich liebte mein Leben und vermisste gar nichts. Dann auf einmal...naja, Patrick gab nicht auf. Er brachte viele verschiedene Farben in mein Leben und machte es damit noch reicher. Es eröffneten sich mir ganz neue Bereiche, wo nicht ich alleine, sondern wir beide zusammen das sonnige oder regnerische Wetter, die warmen oder kälteren Abende genossen. Wir entdeckten mehr und mehr funkelnde Minuten, Stunden und Tage voller Freude in unserem gemeinsamen Leben. Und diese Funken entfachten eine große Liebe, die uns wie eine große Welle davontrug. Wir konnten nicht mehr ohne einander sein. Alle Zweifel verschwanden. Wenn wahre Liebe beginnt, gibt es keinen Platz für Erwartungen irgendwelcher Art, und das einzige, was zählt, ist die gemeinsame Reise, die wir erleben. Es ist keine Reise auf der Suche nach Glück, weil das Glück schon da ist. Es ist eine Reise, durch die wir das Glück gemeinsam erleben."

Sie wurden am 21. Dezember 2012 getraut, ein Datum, an dem die Welt untergehen sollte, wie sensationslüsterne Leute vorhersagten, die diese Prophezeiung fälschlicherweise den Mayas zuschrieben.

„Natürlich fand kein Weltende statt", sagt Johanna. „Aber da gibt es unsere große Liebe, die Patrick und ich weiter bewahren und genießen."

2013 publizierte sie ihre Erinnerungen an ihre Begegnung mit dem Meister und einige ihrer Lehren, die sie während ihrer Trancen erhielt. Das Buch hat den Titel *„Der Meister und die Grünäugige Hoffnung"* und basiert auf den Tagebucheintragungen, die sie während all dieser Jahre machte.

Sie war allerdings nicht sicher das Richtige zu tun. Sie verfolgte ihre Karriere als Filmemacherin und hatte Sorge, dass ihre ungewöhnliche Geschichte ihr dabei im Wege stehen würde.

Zu ihrem Erstaunen geschah nichts dergleichen. Ihre Geschichte erregte sogar internationale Aufmerksamkeit. Die Leser in Nordamerika und Europa lobten sie, sie erhielt Anerkennungen auf dem International Book

Festival in New York und San Franzisco und erfuhr Bestätigungen von drei weltbekannten Experten:

- **Dr. Stanley Krippner,** *Professor für Psychologie, Saybrook Universität; ehemaliger Präsident der Gesellschaft für Humanpsychologie, der Gesellschaft für Parapsychologie und der Gesellschaft für Studien von Träumen; Mitglied der amerikanischen psychologischen Gesellschaft, der Gesellschaft für wissenschaftliche Studien von Sex, der amerikanischen psychologischen Gesellschaft, der amerikanischen Gesellschaft für klinische Hypnose und der Gesellschaft für wissenschaftliche Studien von Religion.*

- **Dr. Jerry Solfvin,** *Professor am Center for Indic Studies, Universität Massachusett Dartmouth; ehemaliger Direktor für den Magister-studiengang in Parapsychologie an der John F. Kennedy Universität in Kalifornien; Dr. Solfvin vollendete seine Dissertation für den Ph.D. über Psi, Heilung und Placebo in Utrecht (mit Martin Johnson & Sybo Schouten), er betreibt Forschungen über Psi-Dimensionen von Erwartung und Placebo-Effekten*

- **Brian Van der Horst,** *Autor, Journalist, Therapeut und Managementberater; Chef-Schulungsleiter für Europa des Ken Wilber Integral Institute; ehemaliger Director des Zentrum für fortgeschrittene Studien von neurolinguistischer Programmierung in San Franzisko; er hat an der John F. Kennedy Universität Orinda, Kalifornien, an der Universität von Kalifornien in Sonoma, an der Universität von Paris XIV & XIII und an der Apple Universität gelehrt; Van der Horst ist 1994 im „Who's Who in the World" aufgeführt und seit 2007 im „Who's Who in Amerika".*

In ihren eigenen Worten beschreibt Johanna Kern in ihrem zweimalig preisgekrönten Buch *„Der Meister und die Grünäugige Hoffnung"* den Beginn ihrer lebensverändernden Reise:

„Willkommen, Tochter", sagte der Meister.

Und so hat alles begonnen. Ich stand vor dem Höchsten Priester. Er schaute mich an. Forschend, intensiv, real. Ich fühlte, wie seine Augen mein Inneres erforschten und jenseits davon.

Nun, da habe ich mir etwas eingebrockt – dachte ich – und wie komme ich da wieder heraus?

Ich bin unendlich neugierig. Leidenschaftlich, freudig, neugierig. Und so manövriere ich mich in unliebsame Situationen. Dies war eine solche: Ich stand in einem uralten Tempel, gelähmt von der Macht des Hohen Priesters, mein Wille war gefangen und schmolz dahin.

Na großartig – dachte ich. Ist es nun aufregend genug für dich, meine Liebe?

Nein, ich hatte keine Zeitmaschine entdeckt. Selbst wenn ich an derartiges geglaubt hätte, mir hätte für so etwas der Verstand gefehlt. Ich hatte auch nicht mit Drogen oder halluzinogenen Substanzen irgendeiner Art herumexperimentiert. Das ist absolut nicht mein Programm.

Was mich hierher gebracht hatte, zu diesem uralten Tempel, in dem der Hohepriester residierte, der über Geist und Materie herrschte, war jenseits meines Vorstellungsvermögens. Ich bin ein ganz gewöhnlicher Mensch und meiner Meinung nach ganz vernünftig erzogen. Ich war zweiunddreißig Jahre alt, mein Leben war mit vielerlei Dingen ausgefüllt und darin hatte ich weder Platz noch Zeit für irgendwelchen magischen oder mystischen Unsinn."

Manchen mag Johannas Geschichte wie ein Traum vorkommen, der wahr geworden ist, aber sie musste für das, was sie lernte, einen hohen Preis bezahlen. Sie wurde aufgefordert, alles, was ihr lieb und wert war, hinter sich zu lassen, um Schülerin des Meisters zu werden. Sie fiel weiter in Trance und sie musste über viele Jahre mehrere Initiationen durchstehen, um den nächsten Level ihrer Ausbildung für das heilige Wissen zu erreichen und schließlich Meisterin zu werden.

Als während verschiedener Lebensabschnitte Menschen ihren Weg kreuzten, die sie um Rat, Heilung oder Führung baten, passierte das auf so natürliche Art und Weise, als wüssten diese Menschen, wie man sie findet und wie sie helfen konnte.

Ohne von der Quelle ihrer Fähigkeiten und ihres Wissens zu sprechen und während ihrer Vollzeitbeschäftigung als Filmemacherin wurde sie zur Beraterin, Heilerin und Lehrerin. Sie glaubte, dass das, was sie geschenkt bekommen hatte, ein Geschenk für alle war und nicht nur für sie alleine.

Johanna Kerns zweites Buch, „365 (+1) Affirmationen für ein Großartiges Leben: Erfolg, Glück, Gesundheit und Wohlstand" – soll das Unterbewusstsein des Lesers mit Hilfe der Weisheit der alten Meister umprogrammieren. (Das Buch, aus dem Englischen von Elke von der Heyden übersetzt, ist jetzt auch in deutscher Sprache erhältlich.) Diese 365 (+1) Affirmationen versetzen jeden in die Lage, unterbewusste Blockaden allmählich durch neu geschaffene, neurologische Bahnen im Gehirn aufzulösen. Sie sind so aufgebaut, dass sie in Harmonie mit der sogenannten Hirnplastizität wirken. Sie verwenden dabei hoch effektive Affirmationstechniken, die eine schrittweise Neuorientierung der unterbewussten Überzeugungen zulassen.

Als nächstes kam eine Reihe von MP3s, ein Roman („Schattenland: Die Legende") und „ Meisterlehren der Hoffnung" – Band 1" – die erste der Serien, die die Meisterlehren ausführlich erläutert.

Johanna Kern teilt ihr Wissen auf ihrem Blog und auf ihrer offiziellen Website: https://johannakern.com/. Sie schreibt und spricht dort regelmäßig und beantwortet Fragen ihrer Leser und Zuhörer.

Ihre Bücher und MP3s sind weltweit auf Amazon und viele der beliebtesten Online-Händlerseiten zu finden. Sie auch machte eine Reihe von Radiosendungen mit dem Titel „Das Leben, das du haben willst, gehört dir", die im British Islanders Radio gesendet wurde (die Mitschnitte sind auf ihrer offiziellen Internetseite zu hören und wachsen weiter auf ihrem YouTube Kanal).
2013 gründeten Johanna Kern und ihr Mann, Patrick Kern, eine Non-

Profit-Organisation, Humans of Planet Earth ASSN. (H.O.P.E. Assn.), um Menschen bei ihrem Wachstum zu unterstützen und um ihnen zu helfen, d a s Leben zu leben, da ihnen bestimmt ist: wirklich glücklich, gesund, sinnvoll und erfüllt.

Veröffentlichungen von Johanna Kern – Deutschsprachige Ausgaben

– „Meister und die Grünäugige Hoffnung"

– „Die 7 Mächte, die die Welt erschaffen & Die 7 Mächte In Dir: Meisterlehren der Hoffnung – Band I"

– „365 (+1) Affirmationen, für ein großartiges Leben: Erfolg, Glück, Gesundheit und Wohlstand"

– „Geheimnisse der Liebe für Jeden: Was Du wissen musst um eine phantastische Beziehung zu haben"

Buchpreise der Englischen Ausgaben:

– „Die Geburt einer Seele" – Zweiter Platz auf der Buchmesse in San Franzisko 2021, in der Abteilung *Spiritualität und Inspiration*

– „Die Geburt einer Seele" – Ausgezeichnet auf der Buchmesse in New York 2021, in der Abteilung *Spiritualität und Inspiration*

– „356 (+1) Affirmationen für ein Großartiges Leben: Erfolg, Glück, Gesundheit und Wohlstand" – Ausgezeichnet auf der Buchmesse in Los Angeles 2018, in der Abteilung *Allgemeine Sachliteratur*

– „Geheimnisse der Liebe: Was Du wissen musst um eine phantastische Beziehung zu haben" – Ausgezeichnet auf der Buchmesse in Los Angeles 2018, in der Abteilung *Ratgeber/Lebenshilfe*

– „Meister und die grünäugige Hoffnung" – Ausgezeichnet auf der Buchmesse in San Franzisko, 2013, in der Abteilung *Spiritualität und Inspiration*

– „Meister und die grünäugige Hoffnung" – Ausgezeichnet auf der Buchmesse in New York 2013, in der Abteilung *Spiritualität und Inspiration*

– „Schattenland: Die Legende" – Zweiter Platz auf der Buchmesse in

San Franzisko 2013, in der Abteilung *Junge Erwachsene*

MP3s zur Umprogrammierung des Unterbewusstseins – Englischsprachige Ausgaben:

- „Das Leben, das du dir wünschst, gehört dir: Programmiere dich zum Erfolg, Glück, zur Gesundheit und zum Wohlstand"
- „Heile deinen Körper und deine DNA: erhole dich von deiner Krankheit und repariere deine DNA"
- „Schenk dir Fülle: Du kannst sie haben, lebe sie – weil sie dir gehört"
- „Reduziere schnell und natürlich dein Gewicht: Wirf die schwere Last deines Fettes und deiner unbewussten, negativen Programmierung ab"
- „Dein wunderschöner, gesunder und jugendlicher Körper: Programmiere dich, damit du dich an deinem natürlich schönen und gesunden Körper erfreust und ihn liebst"

Notiz: Johanna Kern nimmt weiter MP3s auf und schreibt weitere Bücher. Um auf dem Laufenden zu bleiben, ist es am besten, sie auf ihrer offiziellen Internetseite zu besuchen:

https://johannakern.com

Verbinde dich mit Johanna Kern

Abonniere Johanna Kerns Newsletter auf ihrer offiziellen Internetseite:

https://johannakern.com

Like Johannas Seite auf Facebook

https://www.facebook.com/JohannaKernAuthor/

Verbinde dich mit Johanna Kern auf LinkedIn:

https://www.linkedin.com/pub/johanna-kern/5/127/869

Melde dich auf Johanna Kerns YouTube Kanal an:

https://www.youtube.com/channel/UC8mAjgjRb76nI2AqdaDwSVw

Um herauszufinden, ob Johanna Kern für Events verfügbar ist, schreib eine

E-Mail an:

info@JohannaKern.com

www.ingramcontent.com/pod-product-compliance
Lightning Source LLC
Chambersburg PA
CBHW070735160426
43192CB00009B/1445